ちくま新書

働き方革命

——あなたが今日から日本を変える方法

駒崎弘樹
Komazaki Hiroki

784

働き方革命——あなたが今日から日本を変える方法【目次】

第3章 「働き方革命」の起点――仕事のスマート化　079

第4章「働き方革命」でたくさんの「働く」を持つ　113

序章　なぜこのような本を書かざるを得なくなったのか

†わかりやすく危機的な日本

某中央官庁の赤絨毯の大会議室には咳ばらい一つなく、ただ各委員が資料をめくる音だけが聞こえてくる。開始の時刻ぴったりに、どこかの省の官僚が会議の開会を告げ、日本の社会保障と労働環境について説明し、その数倍の時間をかけて我が国が直面している厄介な問題を何の感情も挟まず、終始同様のトーンで説明し始めた。内閣総理大臣が、実際には総理補佐官が選んだ各委員たちが自己紹介を順繰りに始めていく。国立大学の労働経済学の権威、改革派知事、経団連代表、組合代表、等々。その後ろには社会保障と労働問題に関係のある省庁の官僚が外周を取り囲み、さらにその後ろにはマスコミの社会保障担当の記者の方が控えていた。平均年齢が50歳を確実に超えるお歴々の中、1人20代の僕が自己紹介のためにのそのそと立った時、資料を眺めていた委員やしきりにメモを取っていた記者の方々は一斉に顔をあげて僕を見た。

自分が働く共働き世帯を応援するNPOを経営していること。子どもが熱を出している時に普通の保育園は預かってくれず、そのためワーキングペアレンツは大変困ってしまい、特に母親は育児と仕事の二者択一を選ばされてしまうこと。それを防ぐため、熱を出した子を専門に預かる団体を起業したこと。更にその延長線で、子どもがいても働きやすい職場にするためのコンサルティングを、主に中小企業に対して行っていることを僕は語った。一同は無表情にまた資料へ目を落とした。僕は座りながら、自分がどうしてこんな場にいるのかをもう一度よく考えた。確かに首相の肝いりの民間有識者を集めたこの会議で大切なトピックであるワークライフバランスに関する事業を、僕たちは行っている。その珍しさが買われてアメリカのニューズウィーク誌で取り上げられたり、少子化対策大臣から表彰されたりと、一零細企業経営者としては随分評価して頂いた。それにしてもマクロ経済の授業を二度落とした僕が国家の労働と経済と社会保障の将来を話し合う会議に呼ばれて、偉いおじさんたちと議論させられるかと思うと、正直頭を抱えたくなった。

しかし僕の心配をよそに、会議で語られる内容は経済学に疎い僕でも分かるくらいシンプルなものであった。誰にでも分かるくらいに我が国は危機的であったのだ。

一般には少子高齢化社会と言われるが、何が困るかと分かりやすく言えば、働く人たちが減る。今から20年後の2030年には働く人が今の84%くらいになることが予想されている。つまり今まで11人でやっていたサッカーチームを9人にして、他の国の代表と戦って勝ってくれよ、と言っているような状態になるのだ。こうした状態を何とかするためにはこれまで働いてこなかった人たち、そう例えば子育てしている女性たちに何とか働いてもらうしかない。ラッキーなことに日本の女性たちの教育水準は国際比較しても非常に高いレベルにある。だがしかし、政治や経済に女性が参画している度合いを示すＧＥＭ(Gender Empowerment Measurement) は世界で54位。ベトナム以下という状況。いまだに「サラリーマン＋専業主婦」というとっくの昔に時代遅れになってしまったモデルがまだ生き延びていて、いやそれどころか望ましいものという国民幻想が払拭されていない状態だ。

加えてそうしたモデルを変えようにも、女性が働き、子育てしながら社会参画しようとしても、保育所のような社会インフラが圧倒的に不足している（08年4月時点で2万人弱、一説によると１００万人の待機児童）。では保育園を増やそう、と言ってみても家族関係に充てる予算がものすごく少ない。対ＧＤＰ比は０・75％。フランスやイギリスが約３％なのに対して、４分の1程度でしかない。じゃあ家族関係の予算を上げようよ、と言っても、子育て中の20代、30代の人たちの投票率が低く、このあたりのことに熱心な政治家は当選しづらい。一方高齢者は投票率が高く、だから政治も彼らへの政策は熱心。給付金の差は約17倍だ。

しかし万が一家族関係予算を頑張って2倍にしたとしても、そして保育園が増えたとしても、子育て中の女性が働いてくれるかは微妙だし、更に子育て中の女性が労働市場に白馬に乗って参戦してきても、日本が諸外国と争って勝てるかどうかは微妙である、と政府資料は語る。なぜなら保育園があっても、夫の家事や子育てへの協力度と妻の就業率には有意の相関関係があることが証明されているが、日本の働く父親は諸外国と比べて家事や子育てへの貢献が、極端に低い。彼らが全員亭主関白だから？　違う。彼らの働き方がそれを許さないからだ。南関東では子育て世帯の男性の5人に1人が夜11時以降に帰宅し、2人に1人が9時以降に帰宅している。これでは家事や子育てどころではない。更には長時間労働によって妻の就業意欲を削ぐだけではなく、子どもを産む意欲も減退させ、労働人口減少に更にドライブをかけるのだ。

†長時間労働が生産性を下げる皮肉

こんなにがんばって長時間労働をしているのに、日本の時間当たりの生産性は主要先進7カ国中なんと最下位である。のんびりしてそうなイタリアや、華やかに遊んでそうなフランスなんかより下なのである。うかばれない。これがたとえ女性が働いて労働人口減少が緩やかになったとしても諸外国には勝てなくなるだろう理由だ。むかしはそれでも、長い時間一生懸命働いて安いものを大量に作ればそれなりに発展していける時代であったが、中国やその他の新興国の勃興により、そうした工業経済では完全にお株を奪われた。日本がこれから生き残るには質の高い付加価値とイノベーションによって生き残るしかない。残念なことに長く働くことと知的生産性は関係がないのだ。

官僚の説明が終わった。委員の方々は皆一様に沈鬱な表情をしていた。日本の行く末は限りなくホープレスで、社会保障の基盤となる人口バランスは崩れ、それは経済の競争力を奪っていた。そしてその根っこには私たちが良きものだと思っていた「働き方」が、実はとっくの昔に破たんしていたのだ、ということがこれでもか、というくらいに冷たいデータに裏付けられていたのだ。

委員の誰かが言う。「働き方を変えましょう。これまでの日本人の働き方は、高度経済成長時の成功体験を引きずり、この新しい時代にはマッチしていない。男女ともに働きながら子どもを産み育てられ、無意味な長時間労働のくびきから解放され、創造的で生産的な働き方を国民ぐるみで推進していくのです。」

皆一様にうなずく。しかし同時におそらく全員の頭に同じ質問が浮かぶ。

「では一体どうやって？」

それに答えるように内閣府の方が発言する。

「そのために私たちは『カエル！　ジャパン　プロジェクト』を始めました」と言ってカエルのマスコットがいるチラシを手にした。

「これは働き方を変える、早く家に帰る、そうした言葉をかけていまして、分かりやすく国民に浸透していくことを狙いにしています。こうしたリーフレットを配布したり、ポスターを掲げて、啓発していこうという施策です。」

僕は絶望的な気分になった。カエルが悪いのではない。カエルはとってもキュートだ。ストラップにしたら携帯につけても良いと思う。そうではなく、こうした取り組みを国がいくらやろうと、国民のほとんどは知らないままだろうということが、絶望的なくらい明白だからだ。それ以前に、霞が関の中央省庁の官僚の方々自体が早く「カエル」ように働き方を「カエル」ことが全くできていないのだ。

†「働き方」の問題をみんなは知らなくていいのか

会議はそれ以上、国民にこの現状をどう知ってもらおうか、という話にはならなかった。

なりようがなかった。それより効果的な政策を打って、国民が知ろうが知るまいが、何とか破たんした働き方からシフトチェンジするように、企業の動きを縛り、法律のあり方を変えるようにしよう、と専門的な政策の議論が展開されていった。

目の前で活発に繰り広げられる議論を横目に、僕は考え込んでしまった。果たして国民のみんなはこうした「働き方」の問題を知らなくて良いのだろうか。特にこれから日本を支える働く人々、僕たち20、30代の人間たちには、この問題について考えるチャンスが与えられないのだろうか。確かにゆっくりとみんなに理解してもらうにはもはや僕たちには時間がなさすぎた。危機はこうしている間にも日本を蝕んでいっているのだ。しかし問題の最大のポイントが「働き方」なのだ。それは政策金利の話でもないし、財政出動の話でもないし、地方分権改革の話でもない。僕たちが朝起きて会社に行って、帰ってきて、というそういう話なのだ。国がどうこうする話ではなく、僕たち一人ひとりが変化を起こさねばならない問題なのだ。いや、もっと正確に言うならば僕たち一人ひとりが変化と「なる」ことが求められている問題なのだ。僕たちが知らないで良いはずがないじゃないか。

だから僕は筆をとろうと思った。僕たちが働き方を変え、自らが変化になり、1人の変化が隣の人間の変化を生み、そして変化の化学連鎖を引き起こし、日本の未来を救うために。翻ってもうすでに日本の労働問題やワークスタイルの話は、中央省庁のホームページに行けば分かりやすく書いているし、専門書も何冊も出ている。学者でも権威でもない僕がそうしたマクロの話をしても何らの付加価値も付けられない。

むしろ僕は一個の零細企業経営者として、働くビジネスパーソンとして、如何に旧来型の働き方から、新世代の働き方に自らを変えていったのか、そして自分の会社を変えていったのか、を語りたいと思う。それは多分に散文的で、大所高所から見事な分析を提示することが期待されることが多い新書にはなじまないものかもしれない。しかし日本がどうするのか、という話ではなく、僕たち一人ひとりが、今日何ができるのか、ということを考える材料にしてもらうことはできるのではないかと思っている。

偉い学者の先生でも、政治家でも、成功した大企業の役員でもない若輩の自分だが、そうした形で皆さんが変化と「なる」ことに貢献することが、他ならぬ日本が変化することに貢献することになることを、僕は信じ、書き始めたいと思う。

第1章 自分が働くことで、誰かを壊している？

(1) 働きマンな自分が好き

†生きるために働き、働くために生きる

偉そうに日本人の働き方に関する政府関連会議に出席している割に、正直僕自身は「定時」というものを体験したことがなかった。更に言うと、まともな会社勤めの経験さえなかった。

僕は大学3年生から学生ITベンチャーの経営を始めた。企業のウェブページやその後ろにあるシステムから始まって、ユビキタス環境を支えるための専門的なソフトウェアの開発を行った。朝は大学、昼すぎからオフィスとして使っていた駅前のマンションの一室に「出勤」し、「力尽きるまで」働いて帰宅する。定時なんていう概念は存在しない。やれるだけやるし、やれなくても納期が迫っていたら、やる。布団が常備され、椅子と壁の

間に敷いて、寝る。マンションをオフィスにしているとシャワーがあるので宿泊が可能になる。そういったわけで、半ばオフィスの「住人」と化しながら、仕事をする。仕事は生活であり、生活は仕事であった。

そうしたフルコミットのかいもあり、学生数人の企業は多くのメディアにも取り上げてもらい、また数千万の売上も出すことができた。

その後とあることがきっかけで僕はITベンチャー経営者を辞めて、NPOを起業するために、フリーターになる。[i]日本だとボランティア団体に毛の生えたような認識しかされていないNPOだが、欧米だと企業に負けず劣らずの存在として社会のインフラを担っている。アメリカでは「就職したい企業ランキング」の10位以内にNPOが入っているし、ビジネスパーソンがNPOに転職する、なんてざらにある。バラク・オバマ大統領も若かりし頃に経営コンサルタントからシカゴのNPOに転職し、そこから上院議員になっている。

だがここは日本。「NPO？　それで生きていけると思ってるわけ？」と周囲は唖然。こうなったら自分がNPOで食っていけるようになって、日本のNPOに対する認識を変えてやろうじゃないか、と心に決めたのだった。

しかし起業時は無職。霞を食っていくわけにもいかない。友人の会社を手伝ったり、ウェブ構築の仕事に内職として取り組みながら、ビジネスプランを創っていった。その生活は一言で言えば、「サバイバル」である。定収入というのは存在しない。朝起きてから夜寝るまで、如何に生きていくための金を得るか、を考え、そして働かなくてはならない。オフィスもない。ノート型パソコンひとつあれば、仕事はできる。朝起きてメールをチェックし、パンをかじりながら近所のスタバに行き、そこで本日のコーヒーがグアテマラかエチオピアかにかかわらず本日のコーヒーを頼み、その後10数時間ぶっ通しで仕事をする。打ち合わせはこちらが出向いて行けば良い。しなくてはいけないことは無限にある。しなくてはいけないことを、できる精神力が完全に尽きたとき、ノートパソコンの電源を切る。頼れるものは自分の頼りない脳みそだけ。貯金という習慣がなかったので、預金通帳を見ても憂鬱になるから見えないところにしまっておく。明日どうなるか、なんて分からない。大学まで出させてもらったのに、完全なるワーキングプアであった。

†愛する仕事は病もつれてきた

しかしその時の僕は幸福であった。そんな状態でも、仕事は楽しかった。大好きだった。

僕には夢があった。まだ世の中に出ていないこの事業は、きっと多くの困っている人を救うだろう。まだ世界に似たような事業の存在しないこの事業は、世の中をより良いものに変えるだろう。更にはもし僕がＮＰＯで食っていけるように、それを職業にできれば、日本中にいるＮＰＯで働きたい、世の中に貢献することで食っていきたい人への希望になることができる。少なくとも自分がやっていることには「意味」がある。僕は意味と共に生きていられるんだ。

そういった思いが僕を支えていて、お陰で傍から見たら可哀そうになるくらいの状態でも、僕はハッピーであった。業界の人から「素人がそんなことをできるわけがない」とバカにされても、政治家に圧力をかけられて今まで積み上げていたものがご破算になっても、女の子とご飯を食べに行って割り勘にするしかなく惨めな思いをしても、仕事は面白かった。仕事は趣味で、いや、僕の全てであった。金を稼ぐ手段でありつつも、それを超えて、生きている意味であった。

2年間のワーキングプア生活を経て、念願のサービスインを行った。気づいたら多くの方が利用して下さるようになり、マスメディアにどんどんと取り上げられるようになった。メディアに取り上げられると、更に多くの方が利用したいと申し込んでくれ、手助けをしたいと言う企業や個人が集まってくれるようになった。今まであるのも知らなかった色んな団体に表彰された。人間力大賞「内閣総理大臣賞」、アントレプレナー・オブ・ザ・イヤー、セミファイナリスト、ニューズウィーク「世界を変える社会起業家100人」。ハーバード大学のビジネススクールの同窓生の方々からは「ハーバードビジネススクール・クラブオブジャパン・アントレプレナーオブザイヤー」という長い名前の栄誉溢れる賞を頂いた。

いつの間にか自分にも給料が払えるようになり、社員も増えて社員にも給料を払うようになり、気づいたらワーキングプアではなく、少ないが月々貯金もできるようになっていた。

愛する女神である仕事と共に二人三脚で全力疾走をしているうちに、彼女は多くのものを僕に返してくれた。だがそれと同時に、僕は自分が様々な病にかかっていることに気づいたのだ。

(・i) 詳細は拙著『「社会を変える」を仕事にする――社会起業家という生き方』(英治出版)を参照。

(2) 会社のオーナーは自分だが、会社が自分のオーナーに

†無駄な時間恐怖症候群

病気、と言ってもリアルに肝臓病とか心臓病とかいった病ではない。病院に行っても気づけないような、些細な、そしてビジネスマンにはありがちな心の病。鬱や自律神経失調症とまではいかない。けれど、それは確実に自分の行動を変える。たとえればコンピュータウイルスみたいに知らないところで活発に活動し、いつの間にか知らない人たち数万人にメールをバラまくような行動を宿主にさせる、そんな存在。

・メールチェック中毒

最初に彼らが僕の体内に引っ越してきてすぐに、僕は極端に「無駄な時間」が許せなく

なった。歯を磨いている時間。電動カミソリで髭をそっている時間。電車の待ち時間。満員の通勤電車で本も読めず吊革につかまっている時間。オフィスに着くまでのエレベーターの中で階数のランプを見ている時間。PCを立ち上げる時間……。

そういった無意味な時間に我慢ならなくなった。こうした細切れの時間を活用すべきだ。この短い時間でもできることはないのか。ある。メールチェックだ。携帯電話からインターネットに接続し、グーグルが提供するGメールにアクセスする。会社のメールアドレスに来るメールは全てGメールに転送させる。すると、仕事のメールをいつでもどこでもチェックできるのだ。IT革命万歳。ユビキタス（普遍的）インターネット時代へようこそ。これでどこでも仕事ができる。ユビキタス（どこでも）ワーカーだ。

そうして僕はあらゆる場所でメールをチェックし始めた。歯を磨きながら。電動カミソリで髭をそりながら。電車を待ちながら。満員の通勤電車で吊革につかまりながら。オフィスに着くまでのエレベーターの中にいながら。PCを立ち上げながら。それによって格段にメールの処理スピードは上がり、今まで以上にメールをさばくことが可能になったのだった。

しかし最初は便利であったどこでもメールチェックスタイルだったが、そのうちメールチェックができないとイライラするようになった。自分の知らないところで何かが進んでいたらどうしようか、何かトラブルが発生していたらどうしようか、そう思うとメールチェックせずにはいられない。外にいると1時間に1回はメールチェックしないと気がすまなかったし、オフィスにいても会議中でも好きな時にメールが見られるように、いつもラップトップ（ノート型）PCを手元に置いていた。外部の人との打ち合わせも話が長い時には短縮コマンドを打ってメールを受信した。

重度の喫煙者が休憩時間の度に一服するように。酒好きのロシア人が胸元の銀色の携帯水筒からウォッカをあおるように。ドラッグユーザーがそっち系のキノコを押し入れで日々栽培するように、メールと共に生きるようになった。

・インプット不全症

メールチェックをすることでメール処理の量は格段に増加したし、それによるコミュニケーションも活発化したが、新聞や雑誌、そして本をゆっくり読んだり、という時間が取れなくなった。なにせメールはいつチェックしても必ず何通かは受信される。僕が返信することで案件は先に進むし、問題の解決は早まる。目の前の機会や問題を放っておいて、のんびり本なんて読めなかった。

最初は仕事に直接関係のない本が姿を消し、そして仕事に関係があっても厚い本は忌避され、分かりやすく即効性のありそうな薄めの本が残り、最後には薄めの本の購入も立ち読みによる「やっつけ読み」に変わった。

新聞はネットのニュースとRSS配信で済むし、雑誌は吊り広告だけでだいたいの流れを理解できた。

なんていっても本を1時間読んでいる間にメールは40本返せるのだ（これを「メール時速」と言い、僕のアベレージは40本）。本を読んでも売上にはつながらないが、一本のメールで仕事が決まることだってあるのだ。

・エンターテイメント忌避症
雑誌や本にすら割く時間がないのだから、映画や音楽なんてもっての外だった。映画で食われる2時間半で、メール時速40本の僕ならば、メール100本は返せる。仕事に直接役立つ映画だったら見ても良いけれども、そんな映画はどんなシネコンでも上映していない。音楽も何かのついでに聞くのは良いけど、HMVまで行っている時間がもったいない。

ネットでダウンロードできるけど、そこまでじゃない。それに音楽も映画と同じで、仕事に役に立たない限り優先順位は低くなった。時間は最高の資源。タイムイズマネー。優先順位順に物事を片付けなければ、どれだけ時間があっても足りやしない。

無駄な時間を許せなくなる「無駄な時間恐怖症候群」に罹患した僕は、メールチェック中毒・インプット不全症・エンターテイメント忌避症を同時連鎖的に発症した。しかし短期的には仕事を片付けられる量（キャパシティ）は増大し、ますます仕事ができるようになっていった。

†常時多忙症候群

キャパシティ（仕事をこなせる量）が拡大すると、拡大分の余白に仕事を詰め込む。すると常に仕事という酒でなみなみと注がれたビールジョッキみたいな状況になる。普段はぎりぎりジョッキに収まる決められた量のビールに、何か突発的な理由でお猪口一杯分のビールを注がれると、ジョッキからビールと泡が溢れる。僕のワークスタイルもそんな状態で、何か突発的な仕事やトラブルが入ると、キャパぎりぎりで働いているものだから、キャパオーバー状態を引き起こす。キャパから溢れた分は、寝る時間を削ってカバー。寝る時間は削りやすいので、ちょくちょく削っていくことになる。そして「削り癖」が出てきて、あんまり寝ないのが常態化する。

・コミュニケーション逃避症

キャパオーバーでも寝なきゃ何とかなるので、そのうちキャパオーバーが常態化してくる。仕事をがつがつ処理していかないといけないので、勢いコミュニケーションに取っている時間が惜しくなる。いちいち指示しているより、自分でやっちゃった方が早い。

「代表、お昼食べに行きましょうよ」と言われたら、
「俺おにぎり食べながら仕事するから、いいや」と拒否。
「代表、例の件、話し合いませんか？」と言われたら、
「ごめん、メールで問題点、送っておいて。時間ある時に返信するわ」と処理。
「代表、ちょっと相談があるのですが……」と言われたら、
「結論から言ってもらえないかな？」と効率化。

そのうち社員が「お忙しいところ大変申し訳ないんですが……」という接頭文と共に話すようになり、もうちょっとすると極力僕に話しかけることを自粛する文化が浸透してい

った。それによって更に僕のキャパシティは拡大し、業務の処理速度は速くなった。当然その分仕事を詰め込んだ。

・常時不機嫌症

仕事のマシーンと化していった僕だが、徐々に常に急きたてられるような気持ちになっていった。もともと早口の僕がもっと早口になり、矢継ぎ早に質問したりすると、まるで叱責されているように感じるらしく、こっちとしては普通に話しているつもりなのに、社員がシュンとしているのに驚いた。

「全くうちの社員はなんてメンタルが弱いんだ。ちょっとくらい言われたからって、過剰に反応しすぎだ」と憤慨した。

そもそも社員の仕事は無駄話ばっかりに見えるし、もっとスピードをもって仕事ができるはずだ。そう考えるとイラついてきて、声を荒げないにせよ、注意を繰り返すようになっていった。

「いや、前に言ったでしょ。こういう場合は24時間以内にメール返して下さい。」「何度言ったら分かってもらえるかな。あの小児科に対しては……」。

注意をすると、しばらくミスはなくなる。だから注意を重ねる。結果的に注意しないといけない点を探すようになる。勢い、社員の欠点やミスばかり目に入ってきて、長所や頑張っている点が見えなくなっていった。

しかし「うちの社員には、まだ褒めるネタなんてない。これから彼らが成長したら、褒めよう」と考えるようにした。

・表情喪失症
ある日社員から、

「久しぶりに代表の笑った顔を見ました」と何気なく言われた。

普通に暮らしているつもりだったので、

「まさかー」と返す。

しかしよく考えると、注意する時は真顔だ。笑っていたら説得力もなく、なれあいになってしまうので、完全なる真顔だ。注意ばっかりしていると、自然に常に真顔、ということになる。自分としては真顔なつもりだが、社員からするとしかめ面になる。コンピュータで通常設定を「デフォルト」というが、デフォルトがしかめ面なのだ。

僕は表情を失った。

・ネットワーク断絶症

忙しいのでキャパオーバー。キャパオーバー回避のために寝る時間を削ると、土日は寝ていたい。ということで土日は寝ることに消費するようになると、土日に会っていた友人たちとの繋がりも徐々に薄まっていく。

ある日、駅で大学時代の友人たちの集団に会った。これから飲みに行くという。

「俺もたまには誘ってよ。」

「お前、いつも忙しそうじゃん。」

「いや、そんなことないよ。」

「でも、毎回誘ってたけど、お前一回も来れなかったし。」

「また誘ってよ。」

「じゃあ、これから行くか?」

「いや、今日はちょっと……。」

「ほら、そうじゃん。」

友人たちとの繋がりが薄まっていくことはさみしかったが、一方で仕方がない、という思いがあった。彼らと僕の生き方は違う。彼らは勤めていれば良いけど、僕は社員を食わせていかなければいけない。休んだら仕事もどうなるか分からないし。

実家の両親と会うのも、優先順位は低かった。まだ元気だったし、盆と正月には帰っている。恋人とも仕事の合間に週1、二週に1回程度会うくらいだった。忙しいのを理解してくれる仕事好きの女性が良い。そう口にして、実際にそういう女性たちと付き合ったが、僕が優先順位を下げているのが顕著に伝わり、相手も僕と同様に優先順位を下げ、そしてそれを見て僕も……と鏡に照らされた懐中電灯みたいに反射しあって、結局何も生みださなくなった。

しかし常に忙しいことに、僕は誇りを感じていた。忙しいというのは、必要とされている、ということだ。忙しいというのは、活動的だということだ。また、ベンチャーみたいな団体を立ち上げ、軌道に乗せていくんだから、忙しいのは当たり前。忙しくなかったら逆に努力が足りないということだ。

だからこういう職業である限り、今の状態は仕方がないし、それはそれで僕のような特別な人間にとってはまあ普通なんだ、という気分であった。

多忙なことから社内コミュニケーションが減り、不機嫌になり、表情を失い、ネットワークもなくなっていったけれど、それでも仕事は回っていた。むしろスピードは上がっていた。ウイルスは確実に僕の行動を変え、それによって周囲も影響を受けていたけれど、それはまぁ、そんなものなのだ、と僕は信じたのだった。

(3) 愛する人の可能性を殺す働き方

†会社という凶器

ブルドーザーのように仕事を片付ける毎日。大学時代の同窓会に、終わる30分前に遅刻しつつも顔を出した。30分なら僕の貴重な時間を割いても良いだろうと。

卒業から3年目。みんなスーツに違和感がなくなってきた頃だ。

「お前今何してんの？」の連呼で、近況報告の連鎖。

自然とその場にいない友人たちにも話が及ぶ。

「○○って、今何やってんの？」と僕。

「あー、あの子いま、体調悪くなっちゃったらしいよ。」

「体調って？」

「メンタルだよ。」

「メンタル？」

「鬱ってことだよ。」

「え、何で？」

「いや、知らんけど。仕事辛かったんじゃないかな？」

ショックだった。その子は学生時代に僕がひそかに気になっていた女の子だった。今日も会えるのをちょっと楽しみにしていたのに。

「そんなに深刻な顔すんなよ。そんなんいくらでもいるよ。うちの会社、営業系だからさ、同期の3人に1人はメンタルで辞めちゃったよ。」

別の誰かが「多いよねー、うちも上司がなっちゃって、参ったよー。」

「そういえば、サッカーサークルのあいつももう仕事辞めちゃって、心療内科通ってるみたいだよ。」

そんなバカな。まるで「あいつ引っ越したみたいだよ」と同じような感覚で、心の病気が語られるようになっているなんて。今日来る予定だった同学年の友人たちのうち、少なくとも3人は職場や仕事のためにそうした状況になっていた。会社勤めの友人たちにとって別に珍しくも何ともないという空気があるのは、自営業みたいな僕にとっては未知の、そして驚きの事実だった。

「メンタル」の波はすぐ近くにも押し寄せていた。起業の初期からお世話になっていて、とっても親しくさせてもらっていたボランティアのOさんが、突如鬱になってしまったのだ。

兄貴肌でユーモアがあり、40代後半には見えない若々しい人だった。責任感が強く優秀で、起業時の猫の手も借りたい時に、面倒くさい作業を買って出てくれていた。公私ともにお世話になり、僕が引越す時にはトラックも出してくれ、荷物の運び出しにまで手を貸してくれるような優しい人だった。

ある日彼は、布団の中で起き上がれない自分を発見した。やっとの思いで病院に行って鬱と診断され、それから辛い闘病生活に入った。当然会社にはその日から行くことができず、自分の部屋にこもって、自分の意志とは関係なく襲ってくる感情と流れる涙に混乱する日々が始まった。

僕は知り合いの医師に相談し、腕の良い専門医を紹介し、ちょくちょく連絡を取った。僕はただ、鬱病の人を励ましても逆効果だということは、ものの本を読んで知っていた。

彼の話を聞くことしかできなかった。

「今考えると、仕事に心を壊された、っていう感じだよ。量も多くて、しかも下の人間が辞めたのに人員は補充されなくてさ。上司も自分が忙しいのか、何も気づいてくれなかった。色々と自分から言ってはみたものの、事態は改善されなくて、自分が責任者ということもあって、無理をし続けてしまったんだよね。張りつめていた糸が、ある日ぶつりと切れちゃったみたいだ。」

電話口は、かさかさと乾いたような音を立てる。

「まさか俺が、っていう思いだよ。自分が弱い人間だ、とか一度も考えたこと、なかったんだよね。その俺がさ、昨日病院の帰りにホームに立って、このまま飛び込んじゃえば、どんなに楽だろうか、って本当に死んじゃいそうになっちゃったんだよ。」

親しい人間が苦境にあるのに、自分は何もしてあげられなかった。ただ「死のうとか絶対に思わないで下さいね」と約束にもならない約束をしてもらうことしかできなかった。

†「夫のために」辞めていく女性社員

「この会社を辞めたいと思っています。」ある日、若手の女性社員から打ち明けられた。

非常に優秀な人で、当然辞めてもらいたくなかったので理由を聞いた。

「仕事が忙しくて、帰るのがどうしても夜になってしまいます。」

「夜っていっても、8時には帰れているよね？　子どもがいるわけでもないし。」

「そうなんですけども、最近色々と主人が嫌がりまして。」

「何を嫌がるのかな？」

「家事とか料理とか、つまり『私の仕事』がおろそかになることを、です。」

「えっと、家の仕事が、『君の仕事』なんだね？」

「そうです。」

「君は、ここで働いて、家で『君の仕事』がある、と。」

「ええ、そういう約束なんです。」

「たとえばさ、旦那が『君の仕事』の一部をする、とかっていう選択肢はないわけかな？」

「主人はＩＴ系の技術者で、いつも夜遅くまで働いてくれていて、とてもそういうことは頼めません。しかも……。」

「しかも？」

「私の方が給料は低いので、私がその分家事や料理をするのは自然だな、っていう思いもあるんです。」

デフォルトがしかめ面の僕が、更に苦々しい顔になっていたのではないかと思う。立ち上がったばかりのNPOだから、給料が低いと言われても、うなずくしかない。しかし、夫婦で働いているのに、給料の高い男の方が家事をやらない、っていう理屈は本当に正しいのか？

忙しくて帰れない？ ああそうですか。でもそれと、妻の可能性を制限することとは別の話だ。働く能力があって働く意志のある人を、自分にとって都合が悪いだけで首輪をつけるような真似をする男は、ヘタレ野郎以外の何物でもない。しかし、あぁなんていう皮肉だろう。そうしたヘタレの論理を、女性自身が「自然なもの」として受け入れてしまうなんて。

あなたに辞められると困る、ということを言って何度も引き止めたが、彼女の、いや彼女の「主人」の意志は変わらなかった。全社員に惜しまれて、彼女は辞めていった。

僕は社員を捕まえて、愚痴った。

「今時、妻を専業主婦にしたがる男っつうのも、いるんだね。ある意味監禁趣味だよ。このハイリスク時代に。ＩＴベンチャーだか何だか知んないけども、大手外資金融すら一晩でなくなっちゃうこの時代に、自分だけで女房食わせていこうなんて、リスク以外の何物でもないよ。自分の会社と自分の雇用は一生大丈夫で、自分の給料は年取るごとに上がり続ける、とでも思っているのかな。そういうヘタレ男は、彼女に子どもができたって、『お前の仕事だろ』って、なるわけよ。そういうのが奥さんの育児鬱につながって、虐待が起きるんだろ、っての。」

「そうですよね、代表。忙しい忙しいって、奥さんに押し付けるなんて、ねぇ。」

そうだよな、うんうん、って溜飲を下げながらも、あれ、待てよ、と。

忙しい忙しいって、僕もじゃないか。

僕だってＩＴベンチャーに負けず劣らず忙しいし、夜も遅い。寝るギリギリまで仕事している。そんな自分が、はたして結婚して家事や食事を全て妻に押しつけずに、生活できるのだろうか。子どもが生まれて、子どもの面倒をみられるのだろうか。妻の可能性を奪わずにいられるのだろうか。

さっきまで罵っていたヘタレ旦那。それは、実は僕自身のことではないのだろうか。そう思うと、鳥肌が立ってきた。

「代表、どうしたんです？」

急に真っ青になった僕に、社員が遠くから心配そうに何度も声をかけていたが、自分が何て答えているのか、よく分からなかった。

第2章 自分のライフビジョンて、何だろう?

(1) アメリカ人グル（導師）との出会い

†アメリカでのリーダーシップ研修に向かう

考え込んだ。自分は今のままでは優秀な女性をむざむざ家に閉じ込める「監禁くん」と一緒だし、自分のマネジメントによって、「働かせ方」によって、人をホームに飛び込ませてしまうことになるだなんて。

鬱々としているところに、電話が入った。

「お世話になります。私アフラック最高顧問、大竹の秘書のものです。」

「あ、は、はい。お世話になります。」

大変お世話になっている実業界の超大物の秘書の方である。

「大竹が駒崎様とお話ししたいと申しておりますが、お繫ぎしても宜しいでしょうか？」

「え、今ですか？　あ、あの……。」

「ご無沙汰でございますー、駒崎サン。」

大竹さんはいつもの非常にへりくだったもの言いで、僕に季節の挨拶をし、その後どもりながら応対する僕に構わず、一方的にお話しされた。

「実は駒崎サン、ワタクシの友人でルー・タイスという人間がおりまして、彼が日本の有望なビジネスパーソンを集めてリーダーシップの研修をしたいと、こう申すのです。そこでワタクシは駒崎サンのご尊顔が浮かびまして、ぜひにとご紹介差し上げたのです。そういったわけで、アメリカに足を延ばして、ちょっとトレーニングの方を受けてこられてはどうかなと思うのです。」

「え、アメリカ？　ですか？」

「そういうことでございます。」

ぜひ前向きに検討させて頂きます、と電話口で腰を直角に折った。

参った。この年末の死ぬほど忙しい時に、1人現場を離れるのは非常に難しい。社員の士気にも関わるだろう。しかし大竹さんは優しい物腰で若者を常に支援してくださろうとしている財界の大物。規制でがんじがらめであった保険業界にガン保険で殴りこみをかけ、逆風の中戦い、ベンチャーを大企業に育てあげた方だ。一方で小児ガンの子どもの看病をする家族のために安価に泊まれる宿泊所をつくったりする、経営者の鑑のような人でもある。そんな方に目をかけて頂いたにもかかわらず、それを裏切るようなことを申し上げるのも、できない話だ。

悩みに悩んだが、自分がどういうマネジメントをすれば良いのか、どういう「働かせ方」をすれば良いのか、またどういう働き方をすれば良いのかも分からなくなっていたので、何かヒントくらい摑めるのではないかと思い、お受けすることにした。

当然社内はブーイングの嵐だった。

「この忙しいのに、私たちを置いていくんですか？」

「現場のことをもっと知ってほしい。」

スタッフだけではなく、マネージャーたちもそう言いだす始末。

「メールは毎時間見るから、仕事には影響ないと思うから。ね」と言い訳をしまくり、行ってらっしゃいの一言も言われず、逃げるように空港に向かった。

†アメリカ人グル（導師）との出会い

シアトルに着くと、ルー・タイス財団の人が迎えにきて、そこからバスに揺られた。僕以外にもトレーニングを受けに行く人が10人近くいた。コーチングや人材研修会社の偉い人々や、テレビで見たことのある心理学者の方もいらっしゃっており、一零細保育団体の経営者の僕は場違い感に居心地の悪さを感じた。

バスから見える景色は一面の雪景色であった。山あいの村々を抜けると、今にもヘラジカでも出てきそうな大雪原が開けていて、そこにタイスさんの別荘があった。リアルに暖炉がある大広間に通され、ソファが弧を描くように並べられていた。真ん中に白髪でハンプティ・ダンプティみたいなおっさんが座っていた。ルー・タイス氏であった。

僕たちは自己紹介を行い、タイスさんが僕らにも分かりやすいように、はっきりしたアクセントの英語をゆっくりと話し始めた。

「私は元々は高校の先生でした。小さな高校で心理学を教えていました。妻も美術の教師だったのですが、公立高校の給料は低く、子どもたちを育てるのに精いっぱいの生活でした。小さなフォルクスワーゲンをぼろぼろになるまで乗りつぶしていました。そんな生活をしていて、教室の中で成果を出す生徒と出せない生徒の違いに気がつきました。それは生まれついてのものではなく、考え方のようなものでした。そこで、みんなが成果を出せるようにと、考え方を変える授業を行ってみたのです。そうしたら教室が途端に変わり始めました。これまでどうしようもないと匙を投げていたような生徒たちが、みるみるうちに変わったのです。あまりに成果が出たので、それが父兄の間に広まり、彼らに対してもセミナーを行うようになりました。そうしたら彼らが勤める企業に呼ばれるようになり、研修を頼まれるようになりました。私はこの講習を本やビデオにまとめて、多くの人に知ってもらえるようにしました。すると世界中で、たとえばNASAやアメリカ陸軍、フォーチュン500に掲載される大企業などにもこのプログラムが使われるようになりました。グアテマラでは公立学校の授業にも取り入れられるようになりました。私はこのプログラムを日本の皆さんにも知ってほしいと思いましたし、できれば日本の子どもたちの可能性を伸ばすのに使ってもらえたらと思っています。」

少し赤ら顔のタイスさんはどう考えても普通の人で、僕が留学していたころに町の野球場で新聞をわきに挟みながら始終やじを飛ばしているような、典型的なアメリカ人のおっさん然としていたので、ほんまかいなという感想しか持てなかった。だいいちNASAとか言っている時点で既に十分怪しい。

僕のそんな視線に気づいたのか、タイスさんと目が合い、彼はほほ笑んだ。

「ヒロキサン。私はあなたを迎えられて光栄に思います」と言って、僕が写真入りで掲載されている日本の新聞のコピーと、「世界を変える社会起業家」という見出しのニューズウィークのコピーをかざした。おそらく大竹さんが事前にＦＡＸか何かで送ってくれていたに違いない。

周りの方の視線が一斉に集まる。僕は高校以来とんと使っていなかった英語をフル回転させて慌てて言った。

「いやいやいや、ニューズウィークっていっても、たまたま日本人の記者の人が適当にチョイスしてくれただけで、特に根拠があって載せてもらったわけじゃないんですよ。実際まだまだ小さい組織ですし、貧乏暇なしっていうところで、毎日すごい大変なんすよ。あはは。」

タイスさんは人差し指を立てて、それを振り子のように振った。

「それは違います。ヒロキサン。あなたは間違った自己イメージを作っています。」

「へ？」という顔の僕。

†「自己イメージが、私たちの行動を規定する」

「人は何に基づいて行動を起こすか。それは潜在意識の中にある自己イメージです。いちいち入ってくる情報を意識していては非効率ですし、日々何百万と入ってくる情報は処理できません。パターン化してある程度は自動的に処理できるようにしなくてはいけません。ゆえに潜在意識が、その自動処理の基盤となるのです。

例えば、自分はその行為ができると思えば、言いかえるとその行為が『できる人間』だと思えば、その行為をします。逆にできないと思えば、言いかえると『できない人間』であると思えば、その行為はしません。つまり自己イメージは、私たちの行動を規定するのです。」

タイスさんは僕たちを見まわして続ける。

「では潜在意識の中の自己イメージはどのように形作られるのでしょうか？　会社や地域社会で、貴方は貴方に対する見方、つまり自己イメージを知らず知らずのうちに刷り込まれます。例えばあなたの上司に色々と嫌味を言われたとしましょう。あなたはその批判を何度も何度も思い出しては、苦い思いをします。そうしてあなたはあなたの自己イメージを形成するような自己対話を反復するのです。たとえば『自分はもの覚えが悪いのよ』と言い続けると、そういう自己イメージが潜在意識に形作られます。するとものを覚えようとする時に、『自分はもの覚えが悪いため、覚えられない』と脳内で処理され、本当にもの覚えが悪くなります。

しかしこれは逆を言えば、ポジティブな自己対話をすることによって、ポジティブな自己イメージを潜在意識に形成できるということです。先ほどのあなたのように自分の成功を受け入れず『本当は自分にはそんな実力はない』ということを繰り返すと、実際にそういう自己イメージが形成され、成功を打ち消すような行動を取ってしまいます。これを『恒常性』と言います。人は自己イメージと現実が異なる場合に、『認知的不協和』を起こしてしまいます。これに対して、人はバランスを取ろうとするのです。繰り返し言いますが、『恒常性』が働くのです。たとえば自分はだめな人間だ、という自己イメージを持っていて、現実がうまくいっている場合、『こんなはずはない。どっかで自分はだめになるはずだ』と思うようになります。そしてダメになるような事態を無意識に起こし、『ほら、やっぱり思った通りだ』と安心するのです。奇妙な話ですが、人間の心にはそういうメカニズムが働くのです。」

†アファーメーションとは？

初日のセッションが終わって参加者たちとのディナーの時に、隣に座った著名な認知心理学者の方に聞いた。

「何だか僕には雲をつかむような話です。あのおっさんはこっちではどうやら有名人で、大富豪みたいですが、なんつーか、カルトな自己啓発っぽくていまいち好きになれないんですよね。」

彼はアメリカ特有の分厚いステーキを一生懸命切りながら、言った。

「学者としての立場から言わせてもらうと、まあ当たり前のことを言っているな、っていう感じだったね。」

「え、当たり前、ですか？」

「うん。脳内にはニューロンっていうのがあって、思考するというのは、それらが『発火』しあうことなんだよね。そして情報の受け渡しにおいて、同じパターンが繰り返されると、神経の道ができるようになるんだ。良いパターンとか悪いパターンっていう善悪の基準というのは全くなくて、ただ反復されたかどうか、なんだ。つまり思考の反復が思考パターンを創る、っていうことなんだよね。それを色んな言い回しで言っていたけど、まあそれは当たり前のことで、認知心理学の世界では随分以前から言われていることだよ。」

「ほえー。」

「だから、望ましい自己イメージを形成するために、反復によって再書き込みを行うんだ。それが彼の言う『アファーメーション』で、望ましい自分を繰り返し、反復してイメージして、言葉にして繰り返すんだよ。」

そんなもんかいな、と思いつつ、釈然としない。この人たちはそういうことを言って「お金持ちの自分をイメージしてみろ」みたいにして、煽っていくのだ。「ユダヤ人の何とか」、とか「年収一千万の何とか」、とか。

†みんなが幸せになる「働き方」を実現したい

帰りはわざわざ別荘からシアトルまでタイスさん自身がプライベートジェットで送ってくれた。雪原から地平線まで雲の絨毯を滑りながら、タイスさんは「ほら、あれがマウント・レイニアーだよ」などと楽しそうに教えてくれる。

僕はタイスさんに言った。

「タイスさん、あなたのメソッドは分かったけども、僕はそれで大金持ちになりたいとか、そういうことには全く興味がないんです。」

タイスさんはほほ笑みながら言う。

「では、何に興味があるんだい？」

僕は早口で言った。

「『働かせ方』です。いや『働き方』と言っても良いかもしれない。みんなが幸せになるような働き方。鬱病になったり、あるいは女の人を無理やり家に入れるような形じゃない、働き方。自分を食わせてくれるはずの仕事が、逆に自分の人生を忙殺したり、覆い尽くしたりしないで、より良い自分に常に変えていってくれるような働き方。日本にはそういう働き方が必要だと思うし、僕自身の会社でもそういうことを実現したいのです。」

「それは例えばどういう働き方なのかい？」

僕はちょっと考えた。

「例えば無駄に残業しないで、決められた時間で帰れる。自分がやるべきことに集中して時間を使えて、成果が出せる。仕事で一日の全部が食いつぶされるのではなくて、その時関心があるようなことをインプットできる。たとえば本を読んだり、人と会って議論して勉強できる。また自分の大切な人たち、彼女や家族に対して優しい気持ちで接することができて、時間を共有できる。僕は姪が生まれたばかりなんですけど、彼女の世話もしてあげたい。友人たちとゆっくり腰を落ち着けて話せて、彼らを助け、助けられる。いつも朝起きた時に、『今日はどんな楽しいことが待っているんだろう』って思って、毎日が楽しく、感動に溢れていて、今みたいに始終忙しくて疲れてぐったりしているんじゃない。例えば、そんな感じ。伝わります？」

タイスさんは笑って言った。

「では、それをやってみれば良い。あなた自身が。」

「そんな簡単に。僕はいつも忙しいんですよ。組織がまだ若くて、ベンチャーみたいなんです。僕が何でもしないといけないんです。銀行口座のお金の残りも気になるし。うちは新卒からシングルマザーまでいるんです。彼らを路頭に迷わすわけにはいかない。だから今は一生懸命働かないと。死に物狂いで。ベンチャーって、経営者って、そういうものでしょ。分かりますよね？」

タイスさんは人差し指を立てて、振り子のように振った。

「イメージしてみなさい。さっき君が言ったような働き方を。イメージして、それが実現した時の気持ちになってみるのです。一昨日話したでしょう？『安定領域』のことを。人間は自己イメージの周辺を心地よいものと感じて、そこから出ることを極端に嫌がります。自分自身に貧しい人という自己イメージを持っている人は、豪華なフランス料理レストランに行くと大変居心地の悪さを感じます。だから自分に相応しい、質素な料理を食べたいと思います。今、あなたはあなた自身に『常に忙しい人』という自己イメージを与えています。だからそのイメージに反するような行動を、無意識のうちに嫌がっているのです。忙しい状態というのが、あなたの『安定領域』なのです。働き方を変えたいと思いながら、あなたは古い自己イメージを持っているから、その安定領域に縛られている。新しい自己イメージを持ちなさい。そのために自己対話をしなさい。望ましい自己イメージを描く、自己対話を。」

タイスさんに思い切り頭突きされたような気がした。自分が忙しいのは、忙しがっている自分自身の責任だ、ということを言われてしまった。全ては僕自身が描き出す自己イメージのせいだ、と。僕は黙って、とぼとぼとタラップを降りたのだった。

†自分はどういう自分でありたいのか

シアトルから日本に帰る飛行機を待つ空港。僕は待合所で、ぼおっと飛び立つ飛行機を眺めていた。タイスさんの言っていることを認めたくはないが、実際にはそうかもしれない、と思っていた。僕は小さな組織の経営者なんて、忙しいのが当たり前だ、という自己イメージを作り、それを繰り返していた。当然それが基準となって行動し、その行動が職場の雰囲気や働き方を形作っていた。無意識のうちの思い込みが、職場に影響し、職場で働く社員に影響していた。それはよく考えてみれば、たとえば彼らが鬱になったり、あるいはそれが原因で自殺などしたとしたら、それは僕が僕をどう認識しているのか、ということに原因がある、ということなのだ。妻を家に閉じ込めて家事育児を全て任さざるを得ないのも、全部僕が僕をどう認識しているのか、ということに原因があるということだ。

これは怖いことだ。「僕が」社員を殺してしまう、ということだ。「僕が」妻の自由を奪い取るということだ。全く知らないうちに。そして環境が原因だと思っている。

ではどうすれば僕を殺人者に、また最愛の人の監禁者になることを防げるのか。それは自分の自己イメージを書き換えることだ。今持っている「忙しくて当たり前」「忙しいのが充実している証拠」という認識を、そうではないイメージを繰り返すことで、塗り替えるのだ。

ではそうではないイメージとは、何だ？　僕はどういう自分になりたいのだろう。どんな仕事がしたいかとか、どんな事業を生み出して、自分の組織をどういう風にしていこう、という仕事のビジョンは描き続けてきたけれども、自分がどういう人生を送りたいか、つまりライフビジョンを描いたことは全然なかった。

飛行場の窓の向こうの空に、父親の顔が浮かんだ。父のようになりたいか。父のことは好きだが、残念ながらノーだ。仕事よりも趣味のフォークダンスにモチベーションを傾けて、本場のイスラエルからその道の大家を連れてくるような彼を、個人的には愛してやまないけども、だがそういう風に生きたいか、と言われたら違う。

自分と同じ経営者の先輩たちの顔も、雲のように空に浮かんだ。ある知り合いの経営者は若くして成功し、会社も上場し、でかくなった。女の人にはモテ、奥さん以外にも何人かの女性と付き合っている。常にテンションが高く、新しい挑戦をしていて、人生が楽しそうだ。

そんな風になりたいか、と言われれば、いや、そうでもないな、と思う。女の人にはモテたりチヤホヤされたいけれども、でも結婚したらしたで、奥さんと仲良くしていたい。むしろおっさんになっても愛妻弁当食っているような恥ずかしい男でいたい。子どもも愛したい。

†アメリカの田舎町のジェンセンおやじを思い出す

悲しいことに、「こんな風になりたい」というドンピシャな人が浮かんでこなかった。空が青すぎるほど青くて、眩しくなった。アメリカと東京では何が違うって、色々違うんだけども、空が違うなと来る度に思う。高校の頃アメリカの田舎町に留学した時も、初めて飛行場に降り立った時に何がびっくりしたって、空の大きさの違いに驚いた。地平線の向こうから、振り向いた向こうまで、プラネタリウムみたいにまん丸の空が遠く高く乗っかっていて、その大きさに胸がいっぱいになったものだった。

牛の方が多いんじゃないか、って思うくらいの田舎町だった。ホストファミリーは大家族で、子どもが6人もいた。ジェンセン家。オセロ村アッシュ通りのジェンセン家。この空を見ていると、彼らを思い出す。

農家のおやじのジェンセンおやじ。彼はいつも牛の角を切ったり、灌漑設備の様子を見に行ったりしていたっけ。楽しそうに農民やってた。夏は何キロもある藁を運ばされたたな。そうそう、ある時彼が毎週何曜日かの夜に、決まってどこかに出かけていくことを知ったんだ。僕は怪しいお店に通っているのかと思って最初気まずかったけれど、ある時聞いてみたんだ。ジェンセンさん、どこ行くのさ、って。

そうしたら、ジェンセンおやじはこう答えた。

「なあヒロキ。俺には夢があるんだ。いつか中学校の先生になりたいんだ。だから、今コミュニティ・カレッジに通って、先生の資格を取る勉強をしてんだよ。俺は頭良くねえから時間かかっちゃっているけど、いつか必ず取るからよ。」

僕は思った。昼間あんなに一生懸命仕事してるのに、夜に勉強だなんて、よくできるな、と。ジェンセンおやじ、見かけによらず頑張りやだなぁと、感心した。

そうしてその後、朝起きて学校に行こうとすると、ジェンセンおやじが家の前でバスの運転席に座っていた。僕が驚いてジェンセンおやじに何やってんのさ、と聞くと、ジェンセンおやじはまた答えた。

「なあヒロキ、アメリカは広い。色んな子どもたちがいる。富める者もいれば、貧しき者だっている。貧しい家は、車がない。車がないと、何時間もかけて歩いて学校まで来なくちゃいけない。そういう子たちは簡単にドロップアウトしちまう。それじゃあその子たちが可哀そうだ。だからこの町のおやじ連中でシフトを組んで、ボランティアでスクールバスを走らせているんだよ。」

僕は感心して言った。「すごいねジェンセンさん、昼間は働いて、夜は勉強して、地域社会にも貢献してんだね」って。

そんな風に色々やっているジェンセンおやじは、忙しくて家のことなんざ構っていないかと言えば、毎週日曜「ファミリーミーティング」とやらを欠かさない、マイホームパパだった。7歳のポールに、

「おいポール、お前の夢を語れよ」とかって一人ひとりプレゼンさせる。

ポールは「僕はフットボールの選手になりたいんだ。だから今小学校でもマイクと一緒に練習しているんだよ」などと語る。みんなそれを聞いて拍手。なんて暑苦しい会なんだ、そう思っていると、

「なあ、ヒロキ。お前はどうなりたいんだよ?」と僕に振ってくる。僕はしどろもどろになりながら、

「え、英語がうまくなりたいです……」とかって答えて、みんなが「おぉ、がんばれ!」と拍手。暑苦しい家族だ、まったく。

でも多忙なジェンセンおやじのフォローで奥さんは家事につきっきりかと言うと、そう

じゃない。彼女はケーキ作りが趣味で、それが高じて町の結婚式では決まって彼女のケーキが売れていった。彼女の腕は評判で、ケーキ作りに興味を持った女性たちのためにケーキ教室を家で始めたりして、働いていた。

†ジェンセンおやじみたいな人生が送りたい

家事は6人もいる子どもたち、そして僕の役割だった。ルーレットみたいな丸い紙に「洗濯」「皿洗い」「掃除」などと書いてあって、その外周にはデイヴィッド、とかジェニファーとか子どもたちの名前が書いてあり、一日経つとずらしていく。飽きないように日々家事を変えていくのだ。

そう、そんな風な家族で、ジェンセンおやじは昔の日本のカミナリおやじみたいに恐れられていつつも愛されていて、ジェンセンおやじも家族を愛していた。

ジェンセンおやじは、仕事を楽しみ、一生懸命やりながらも、将来の自分のために勉強して、家族を愛し、家族のために時間や気持ちを使い、地域にも貢献していた。ジェンセンおやじという1人の個人の中に、いくつもの世界があった。いくつもの世界がジェンセンおやじの中で綾をなして、キラキラと輝いていて、それを僕は不思議な気持ちで見ていた。ジェンセン家は決して金持ちでもなくて、アメリカらしい派手派手しいところになんて一度も連れていってくれないような人たちだったけども、何故か毎日賑やかで、いつも変化と感動があって、どうしようもない田舎町だったけども、楽しかった。心から、楽しかった。

飛行機のゴォーという音でふと現実に戻った。自分はどんな人生を歩みたいのか。どんなライフビジョンを描くのか。そう思うと、僕はジェンセンおやじみたいな人生が送れたら良いなと感じていた。決してお金持ちでもない、別に普通のおっさんなんだけども、でもジェンセンおやじの人生は豊かだった。虹のようにいくつもの世界を持っていて、輝いていた。僕は仕事が大好きで、仕事を愛していて、仕事を通じて世の中を良くしていきたいと思う。でも同時に、家族を大切にしたいし、友人や地域の皆とも笑い合える仲でいたいし、彼らのために何かしたかった。そしてそれら全てに貢献しながらも、一瞬一瞬を感動とともに生きていきたかった。過ぎ去っていく人生を抱きしめるように。こぼれていく時間の砂を慈しむように。かけがえのない日々、一瞬一瞬に、自分がいたことの証明を焼きつけ、そして死ぬ時に愛おしい過去たち、出会うことができた愛する人たちの面影を抱いて死んでいきたい。そんなことを飛んでいく飛行機の翼を見ながら、思ったのだった。

僕はライフビジョンを描いた。いや、描いたというよりも、それは昔から僕の中にあった。押入れの中に突っ込んでいたそれを、たまたま襖をあけて引っ張り出した、という方が近いかも知れない。けれども、自分がなりたい自分というのは、そういう人間なのだ、ということに気づいた。そこに自分がしたい「働き方」もまたあったのだ。

ジェンセンおやじは、仕事をしながらも、家族に貢献していた。地域に貢献していた。自分の未来に貢献していた。東洋の訳わかんない国の馬鹿を受け入れることで、世界にも貢献していた。これらはいわゆる「プライベート」とひとくくりにされるものだが、そんなツマラナイ言葉じゃ言い尽くせないものがある。そう、あたかももう一つの「働く」と言っても良い、お金が対価ではなく、もっと別のものが対価である、別の「働く」。

飯を食うための「働く」があって、人生の何らかの価値を実現するための「働く」もある。もちろんそれらが重なっても良くて、飯を食う仕事を通して素晴らしい価値も実現できるだろう。いずれにせよ僕たちは同時にいくつもの価値を実現できるのだ。これらのお金が対価ではない仕事は「ジョブ」ではないし「レイバー」でもないのだけども、でも何か大いなる価値を実現するための真剣な行為は、「働く」と言って良い気がする。

そう、誰かが言っていた。日本語の「働く」という言葉は、傍（はた）を楽（らく）にさせることから来ている、と。何だ、答えは僕の母国の言葉に、日本語にあるじゃないか。何で今まで気づかなかったんだ。傍を楽にさせることは、「働く」なんだ。妻を、子を、家族を、友を、地域を、社会を、全ての他者を楽にさせることは、「働く」なんだ。今自分が職場でやっていることだけが「働く」なんじゃない。「働く」は他者への貢献のことなんだ。ならば家事も、家族との会話も、友との語らいも、地域への関わりも、「働く」じゃないか。いくつもの「働く」を実現できる働き方。それはつまり、自分に関わる全ての他者に貢献することができる働き方だ。僕たちは人生を生きることを、「働く」として捉えなおすことができるのだ。

そうやって働くという言葉を拡張させ、再定義し、広い意味での「働く」を実践することで、僕たちは僕たちの人生を誠実に生きる過程を、他者への貢献の過程にすることができる。それは働く、ということの意味を革命的に変えることを意味するし、逆に「働く」をそうやって押し広げ新生させることで、僕たちは新しい働き方を手に入れられる。その新しい働き方は自分の利益や栄誉のみの追求によって、共に働く人々の犠牲を生みだすこともない。むしろ働けば働くほど、他者への貢献が増えていき、世の中が楽になっていくのではないか。働き方を変えることで、社会を変えられる。これは「働き方の革命」だ。

僕たち一人ひとりが、革命の戦士に、維新の志士になることができるのだ。

6番搭乗口から乗客の方は乗り込んでくださいというアナウンスが、どこか遠くの綺麗な島に連れて行ってくれるようなリズムで耳に飛び込んできた。

休んでいる間の膨大な仕事が待っている日本に、ただ帰るだけだけれども、搭乗口と飛行機を繋ぐ通路に一歩足をかけた時に、どこか違う場所に行くような気分になったのだ。

(2) 目標とするライフビジョンを描く

†「働き方革命」を実現する

機内に乗り込み、普段だったら綺麗なCAさんを見つけてお酒頼んでイヤホン耳に突っ込んで映画見まくるところを、離陸を待ってノートパソコンをがばっと開いた。「働き方革命」に近づきたかったからだ。自分が見つけたかった「働き方」の答えは、意外なところ、ジェンセンおやじから見つかった。今度はそれを自分自身の実践として、実現しなくてはいけない。タイスのおっさんは、実現のためにはまずはビジョンを設定せよ、と説いた。僕の拡張された「働く」に対しても目標設定をしなくてはならない。赤ら顔の彼の顔が浮かぶ。「目標は必ず言語化し、繰り返し見て、自分自身に刷り込んでいきなさい。」

早速取りかかる。頭にすぐに浮かんできた言葉をキャッチする。

・私は家族と仲良しである
うん、そうだ。これは大事だな。ただ、これに「その時に湧き上がる感情をリアルに書け」「具体的にイメージできるような書き方に」ということをタイスさんが言っていたので、書き足さないと。

・両親が丈夫で楽しく暮らしていて、常に良い関係を深め続けていられることを、私は幸せに感じている

・2人の姉とは、常に助け合い、相談し合うことのできる仲間であり、そうした関係を築けていることが、とても嬉しい
うん、イメージできたぞ……って、待て。よく考えると、これはものすごい恥ずかしいぞ。何やってんだ、自分。何かゴリゴリの自己啓発野郎じゃないか。会社で目標設定したり、ビジョンを描いたりするのはちっとも恥ずかしくないのに、こと個人的なことになると、こんなにもこっ恥ずかしいとは！

横の席に座っている外国人が僕のPCを見てやしないか確認する。よし、この外国人は『スパイダーマン』に夢中で僕のことは眼中にないようだ。危ない危ない。

次は、恋人とのことを書こう。日本で（たぶん）待っている彼女とは……。

・恋人とあるいは妻と、日々愛情が深まるような関係性を構築している。常に心の恋人であり親友であり、彼女に与えることで自らが充足を得られていることに、心から満足している

・恋人あるいは妻も仕事を持ち、また同時に互いの自己実現を支え合えるよう、私は家事や育児にも関与し、それを楽しんでやれる自分に、とても気持ちが良い

うわー、やっちゃったよ、自分。これは恥ずかしい。これ、日本人でこんなこと言ってるやつ、いないわ。自分が秘かにこんなん思ってたなんて。なんてメルヘンな野郎なのだ。いや、しかし挫けてはいけない。せっかくアメリカくんだりまで行って、3日間もアメリカ人のおっさんの話聞いたんだ。何もしなかったら、かけた時間が無駄になる。何より書いてみても自分が損をするわけでもないし、これがせっかく見つけた「働き方」を抜本的に変えられる手法かも知れないんだから。うん、この途方もない恥ずかしさと体の奥から巻き起こるむずがゆさの嵐を乗り切れば、きっと何とかなる。

・友人たちを助け、助けられ、感情的に繫がり、年をとっても彼らと気取らずに話ができていて、私は日々楽しい

・ジムなどに行って日々運動をし、体調を整え、それが精神的な健康にも繫がり、元気で

い続けられることに、私は充足感を覚えている

対価のない「働く」の領域はこんなところかな。実現することで他者への貢献にも繋がっている。よし、これを踏まえつつ、今度は食いぶち仕事の方だ。

・私は常に新しいことを学び、仕事の質を高めることに幸福感を感じている。学び、自ら試したことを出版等で社会と共有し、社会の知的蓄積に貢献でき、幸せだ

・社員たちが健康で、仕事にやりがいを感じ、仕事を含めた人生に充実感と喜びを噛みしめられる組織になり、微笑みたい気分だ

・私は朝9時から夜6時で働き、十分に成果を出している。そして残った時間はライフビジョンの実現のために投資し、そのプロセスにいつもワクワクしている

†「イタい」けど自分のビジョンを設定する

何だか自分で書いていてなんだけど、できなさそうな気がしてくる。今は起きている時間ほとんど仕事に使っているから、まあ実質16時間くらい働いていて、それを半分の8時間にするなんて、現実的じゃあないな。とはいえ16時間働いていてちゃあ、家族と恋人と健康と友人のビジョンは実現しないわけだし……。

いや、タイスさんに「思い込みを外せ」って言われたばかりじゃないか。とりあえずこれで設定してみよう。

1 両親が丈夫で楽しく暮らしていて、常に良い関係を深め続けていられることを、私は幸せに感じている

2 2人の姉とは、常に助け合い、相談し合うことのできる仲間であり、そうした関係を築けていることが、とても嬉しい

3 恋人とあるいは妻と、日々愛情が深まるような関係性を構築している。常に心の恋人であり親友であり、彼女に与えることで自らが充足を得られていることに、心から満足している

4 恋人あるいは妻も仕事を持ち、また同時に互いの自己実現を支え合えるよう、私は家事や育児にも関与し、それを楽しんでやれる自分に、とても気持ちが良い

5 友人たちを助け、助けられ、感情的に繋がり、年をとっても彼らと気取らずに話ができていて、私は日々楽しい

6 ジムなどに行って日々運動をし、体調を整え、それが精神的な健康にも繋がり、元気

でい続けられることに、私は充足感を覚えている

7　私は常に新しいことを学び、仕事の質を高めることに幸福感を感じている。学び、自ら試したことを出版等で社会と共有し、社会の知的蓄積に貢献でき、幸せだ

8　社員たちが健康で、仕事にやりがいを感じ、仕事を含めた人生に充実感と喜びを噛みしめられる組織になり、微笑みたい気分だ

9　私は朝9時から夜6時で働き、十分に成果を出している。そして残った時間はライフビジョンの実現のために投資し、そのプロセスにいつもワクワクしている

改めて見てみると、「これできたらすごく嬉しいな」という気持ちと「俺、相当イタいな」という感情がないまぜになり、複雑な心境だ。このファイル、いとおしいような、二度と開きたくないような……。

しかしこれを、毎日眺めなくてはいけないのだ。眺めるのみではなく、読んで、それが実現したような気分になって、自らの自己イメージを再書き込みしないといけないのだ。

僕はこれをプリントアウトして、机の上の透明なビニルシートの下に置いておくことを想像した。いや、でも、これがバレたら、「代表が入信してきた」と大騒ぎにならないか。

なるだろう。アメリカのカルト集団に洗脳されて、とんでもなくイタい人になって帰ってきてしまった、と「2ちゃんねる」(i)に愚痴をこぼされるかもしれない。

プリントアウトは止めておこう。できれば自分だけが見るような方法が良い。タイスさんも「他人は簡単にダメだしする。彼らは悪気なくドリームキラー（夢を殺す人）になってしまうから、他人に言わなくて良い。自分にだけいつも言え」って言ってたし。

†毎日自分宛てにビジョンが届くように設定する

じゃあ自分自身にメールが来るようにしてはどうだろうか。メールソフト(ii)で自分宛てにメールが自動的に来るように設定しておけば、メールは毎日必ず見るから、読むことになる。そうだ、そうしよう。

しかし、間違ってパソコンを覗きこまれちゃったらどうしよう。あるいはデータが流出しちゃったら。このキャラに合わないメルヘンなドリームが、人の手に渡ってしまったら⁇

いやそれを言ったらキリがないだろう。今でも人様に見せたらドン引き必至な動画の数々が、僕のハードディスクが地球だったとしたら、陸地分くらいを占めている。既にそういう状態だったならば、ファイル一つ分くらい恥ずかしいものが追加されたからって、まあ同じようなものだ。

えーい、ままよ。設定しちゃえ。この「ビジョンが毎日自分に届く」という暑苦しい仕組みを、ついに設定してしまった。気づいたら汗でじっとりと濡れていたが、何故か晴れやかな気分になっていた。学校のマラソン大会に出させられて、どこまで走るのか先生から聞き忘れて、知らずにしんどく走っていたが、隣で走っているやつが「ゴールはどこどこだよ」と教えてくれたような、そんな気分になった。まだゴールには着いてないんだけども、しかしどこに向かって走っていけば良いのか分かって、妙に元気が出てきたのだった。まだ何もやってないのだけども、何だかもう少しで実現できそうな気分になるのが、不思議だった。

これは仕事の場でもそうだ。目標を言語化し、明示化することによって、とりあえずやることが分かって安心するし、モチベーションが湧いてくる。そう思うと、今まで考えたこともなかったが、仕事を含めて人生全体、それ自身も仕事の、あるいはプロジェクトのようなもので、こうありたいな、というものを描いて、それに向かって手と足を動かしていくとゴールまでは意外と行けるのかもしれないぞ、と。これまで仕事は仕事のやり方でやり、プライベートは仕事よりも相当優先順位が低いところで、特に何も考えず受身でやってきた。けれど、「働き方革命」によって仕事もプライベートも統合（インテグレート）して、それを一つのプロジェクトとして捉えることで、日常の日々そのものが歯ごたえのある、やりがいのある毎日に変わっていくのではないだろうか？

隣の外国人は、まだ『スパイダーマン』を見ていた。窓の上についている小さな照明灯はスポットライトのように僕に降り注いでいた。

（ｉ）インターネット掲示板。企業の従業員から自社を誹謗中傷する書き込みが、多数掲載される。一部の就職活動生の参考になっている。

（ⅱ）筆者はBecky!を愛用しており、Becky!のリマインダー機能を使用。ただ、他のウェブメールなどでも同様のことはできると思われる。

第3章 「働き方革命」の起点——仕事のスマート化

(1) 自分の手持ち時間を見直す

†定時退社経営者

ライフビジョン達成のためには、それぞれのプロジェクトにコミット（関わる）しなければならない。しかし手持ちの時間は、圧倒的な量の食いぶち稼ぎ（ペイワーク）の仕事に侵食されて、極端に少ない。出発点は、仕事の生産性を高め、アウトプットを減らさずむしろ増やし、時間を生みだすことだ。

「私は朝9時から夜6時で働き、十分に成果を出している。そして残った時間はライフビジョンの実現のために投資し、そのプロセスにいつもワクワクしている」というように。

よし、9時6時をやってみよう、と席に着いた。

6時に帰らないといけない。そう思うと、自分の手持ち時間がものすごく少ないような気になる。

いつもはオフィスに着いたら、すぐにメールチェックするところだが、手帳を開いて考えてみた。

自分の手持ち時間は、9時から6時の9時間。

今日は会議が3つ入っているから、1時間30分×3で、4時間半、潰れる。すると、残りはすでに4・5時間。4・5時間のうち、ご飯を食べたり休憩する時間が合計1時間だとしたら、3・5時間。

あわわ、自分には実質3・5時間しか残されていない!!

そうすると、ちょっと待てよ。3・5時間の中で、死んでもやらないといけないことって、何だろう。そうだ。あの社長に一本電話するのと、財務担当と今期の数字を確定させる作業をしないといけない。

僕は手帳にその最重要作業の予定をとりあえず書き込んだ。残りの3・5時間が1時間減った。

残りは2・5時間しかないけども、とりあえず「これやらなきゃマジまずい!」ってのは何とかできそうだぞ。残り2・5時間だけども、いろいろやることはあるけども、何をしないといけないんだ？

何をしないといけないか、っていうのは、つまるところ「経営者である僕は、そもそも何をすべきなのか」っていうことに関わってくるな。

あれ、僕は何をすべきなんだろうか。

僕の仕事。それは「僕たちはどこに向かっているのか」というビジョン、「どういうふうに向かっていくのか」という経営計画をうちたて、それが実現していくよう、コミュニケーションをとったり、管理していくことだ。そうだ、簡単なことだ。

あれ、待てよ。ビジョンや経営計画は作ってはいるけど、あのファイル、どこに置いたっけ？　検索検索、あれ、これ一個古いやつだ。あったあった、これこれ。ん、何か内容が現状とあってないぞ。作ったは良いが、放り出してたもんな。

いかん、残りの2・5時間は経営計画を見直して、それを社員全員に送りなおして、大きな模造紙に掲示して「見える化」しよう。

結局経営計画さえしっかり遂行されていれば、うちの組織は「しっかり回っている」っていうことだもんな。

この経営計画策定の時間を、この会議とこの会議の間に入れよう。よし。うわ、もうやることがびっしりだ。後はやるだけ、考えずにやろう。

そうして僕は会議をこなし、最重要事項をこなし、経営計画を再設定し、それを大きな模造紙で貼りだした。

†6時にオフィスを出てみる

時計の針が6時を指した。オフィスをぐるっと見まわす。多くの社員が、当然まだ仕事をしている。パソコンをずっと見ているもの。隣の席の人間と何かについて打ち合わせしているもの。みんな一生懸命働いている。

僕は自分のノートパソコンを閉じた。それをカバンにしまい、そろそろと立ち上がった。誰もこちらを見ていない。小声で「お疲れ様」と言った。誰もこちらを見ない。僕は音を立てずに歩き、ドアの方に歩いて行った。ドアを開ける前にもう一回振り向いた。みんなまだ一生懸命仕事している。

僕はドアを握る手に力を込めた。良いのか？　自分はこんなに早い時間に帰ってしまって。みんなが一生懸命働いているにもかかわらず、上司の僕がとっとと戦線を離脱してしまうなんて、許されるのだろうか。

更に自分は仕事をやり残してはいまいか。よく考えたらメールチェックだって今日は2回しかしていない。もしかしたら超重要メールが今この瞬間にも届いているかもしれない。ああ、良いのか、自分。

ドアノブに自分の体温が伝わり、温かくなっている。汗でぬるぬるしてきたのが、気持ち悪い。そうだ、ライフビジョンを思い出せ。

「私は朝9時から夜6時で働き、十分に成果を出している。そして残った時間はライフビジョンの実現のために投資し、そのプロセスにいつもワクワクしている」

と誓ったじゃないか。

ドアノブがカタカタカタと音を立て、その音がどんどん大きくなっていく。まずい、社員に聞かれてしまう。僕がドアの前で固まっていることが、ばれてしまう。

僕はドアノブを引っ張り、外へ飛び出した。エレベーターを使わずに、小走りで階段を降りた。駅に向かってズンズン歩きながら、僕は思った。今頃社員が僕のいないことに気づき、声をひそめて話してやしまいか。「この忙しいのに、何先に帰ってんの」「代表は気楽でいいよな。下っ端の俺たちは大変だよ」教会の鐘の音のように、そうしたひそひそ声が鳴り響く。あるいは僕が見てないから無駄話に花を咲かせているのではないか。やるべきこともやらずに、のんきにお茶しているのではなかろうか。今から取って返して、いきなりドアを開け、無駄話をしているやつをとっ捕まえてみたらどうだろう。

色んな妄想が胸を焦がし、沸騰した心持で帰りの電車に座った。今日やり残して致命的なことがないか、もう一度手帳を開けた。絶対にやらなければならないことは、既にやった。今日やらなくてはいけないことは、何度考えても今日やっていた。後は明日で良いか、それかもっと先でも良いようなものだった。

僕は自分の仕事を、終えていたのだった。

今までの仕事は何だったんだ？

不思議な気分になった。自分は自分の仕事を全うしていた。しかしこの満たされない感じはなんだ。何かをやり残してしまっているような気分はなんだ。自分は本当に働いたのか？　こんなんで良いのか？

サラリーマンのあまりいない穏やかな車内を見まわした。電車はトンネルを抜けて、外に出ている。

「自分は今まで何をしていたんだ？」

自分はこれまで「やれるところまでやる」という仕事の仕方だった。これは部活で例えて言うと、「もう走れなくなるまで、走る」オラオラ体育会的練習の仕方である。しかし、今日やったのは「必要な練習メニューを書いて、それに則ってやる」というやり方であった。必要なことはできている。何の問題もない。しかしこれまで「うわー疲れた。死にそう」という感覚が、すなわちゴールだったので、ゴールに着いてないような気がしてくるのだ。

僕は自分の仕事を、終えている。今度は口に出して言ってみた。考えてみれば、当たり前の話だ。自分で設定した仕事を終えた時に、おしまい。そして自分は6時に職場から出ている。6時で職場から帰る、と設定した次の日に、あっけなく帰れている。

何か問題があったか？　職場を出てから30分。誰からも「困った、助けて下さい」という電話もない。確認のために携帯からメールを見てみた。社内はつつがなく回っている。外部からのメールも、今すぐ対応しないといけないものは、ない。

自分は6時に帰れている。しかし達成感はない。あまりに簡単すぎて、驚く。そして次の瞬間に襲ってくる嫌な感情の波があった。

「自分は今まで何をしていたんだ?」

今まで一生懸命働いていたが、ひょっとしたら「自分のやるべきことを把握し、それに沿って仕事を組み立てる」ということから、逃げていただけなんじゃないか。面倒くさいことはしないで、何も考えずに手元の仕事に集中した方が、楽だし進んでいる気がする。それに甘えていただけではなかったのか?

自分が今まで何百時間、いや何千時間もシュレッダーに喜んで流していたような気がしてきて、みぞおちを強く押されたような気分になる。自分の立っているところが、グラグラ揺れて崩れていってしまいそうだ。

電車はふいに陸橋を抜け、大きな川の上に出た。車窓から見る川は赤みがかり、小さな波が夕陽を乱反射している。川の向こうには大きな夕陽が揺らめいていて、空全体を優しく赤く焦がしていた。

夕陽を見るのは、いつぶりだったかな。何だか懐かしくて、涙が出そうになった。自分は夕陽を浴びる機会もしばらくなかった。その機会も失い続けていたのだ。

しかし過去に失ったものをぐだぐだ考えていて、何が生まれるだろう。僕たちが生きるということは、まさに川の上の橋で、川を見ているようなものじゃないだろうか。川の流れは、上流から下流に流れていく。上流が未来だとしたら、時間は未来からこちらに向かって近づいてくるのだ。そして自分を通り過ぎて、それは過去になっていく。流れていった過去がどうにもならないのは、明らかだ。未来から流れてくる機会を、見逃さないようにキャッチすることに、上流から今に流れてくるものに、目をこらさないといけないのじゃないだろうか。

優しい夕陽から湧き出すように流れる川の先に、自らの思い描くビジョンを重ねた。僕が思うほどビジョンを実現するということは、難しいことではないのではなかろうか。

夕陽は暖かく車内を照らしていた。

(2) 仕事時間をダイエットし、生産性を上げる

†仕事のスマート化

僕はその後も定時勤務を続けた。僕が思ったほど、「何先帰ってんだ」という反応はなく、むしろ僕がい続けるので帰りづらかった雰囲気が、解消されてみんなほっとしているようだった。

あまりにも簡単に定時勤務できるようになった僕は気分を良くし、自分の仕事をダイエットすることにした。

ダイエットと言っても、仕事の量を減らす、ということではない。仕事にかけていた時間を絞る、と言った方が良いかもしれない。つまり、これまで湯水のごとく使っていた時間を節制しつつ、同じだけ、いやそれ以上の成果を出す、ということだ。

ぶくぶくに水膨れしてしまった自分の仕事の在り方を、もうちょっとスマート（スリム）にしていくような働き方。それは同時にスマート（賢い）でもある。

・スリムタイマーで仕事時間を計測

僕は自分の働き方を眺めてみることにした。自分が何を何時間やったか、を測ろうと思ったのだ。最初は手帳に仕事の時間を書き込んでいて、それを計測していたのだが、すぐに挫折した。仕事が細切れになっていたりする時に、いちいち時間を書き入れるのが大変だからだ。

そんな時、便利なソフトを発見した。「スリムタイマー」という、パソコンで管理できるストップウォッチソフトだ。仕事の内容、たとえば「社内会議」とか「文書作成」とか、そういった項目を登録しておき、その項目をクリックすると、時間計測をスタートしてくれる。終わった時はまたクリックすれば良い。簡単に測ることができ、一日の最後にレポートを出すと、自分が何に何時間かけているのか、ひと眼で分かるようになる。

一週間続けてみた。最初は押し忘れなどたくさんあったが、徐々に慣れてくると、測るのも苦ではなくなってくる。一週間のレポートを見てみると、中々に興味深かった。

・会議の効率化

経営者として「ビジョンや経営計画をうちたて、その実行を管理する」というのが、僕の仕事だ。当然、「考えること」をして、その考えを社員との「コミュニケーション」を通じて実現していく。しかし、僕の仕事を計測してみると「考えること」には全然時間が使えていなかった。一方、「コミュニケーション」には不自然に時間をかけすぎていた。

まず、この時間をかけすぎているコミュニケーションを何とかしようと思った。コミュニケーションは「社内会議」「社外会議」「社内コミュニケーション（会議の場ではないコミュニケーション）」と3つに分けられており、1番目の「社内会議」が他の2つを置いて、群を抜いていた。

「社内会議」は財務会議やマネージャー会議、事業部会議など、定例的に進捗を管理する重要なコミュニケーションの場だ。ここで、どう仕事が動いていくかが見え、課題も話し合える。だから重要でないわけではなく、むしろとても重要な機会だ。

だが、これだけの時間をかけているが、それが成果と結びついているだろうか。よく考えると、みんな1時間半を過ぎたあたりからだるくなり始める。タスク（やらなければならない仕事）をやってきていない人もいれば、やってきている人もいる。前の会議で話されたようなことが、また話される。議題にないことを思いつき、そこでの議論に時間が取られる。全然スマートじゃない。

そこで、「会議のルール」を作成して、会議室にでかでかと貼った。それはこういうものだ。

①一つの会議は1時間半を越さない
②議事録はプロジェクタで映し出しながら、その場で取る
③議題は前日までに出し、議題にないものは議論しない
④タスクは会議の場で期限を決め、次の会議が始まる前までに進捗をグループウェアに貼る
⑤定例会議ごとにファシリテーター（司会）とロガー（議事録作成者）を決め、彼らが会議の内容と時間に責任を持つ

こうしたルールを決め、それを実行させた。当初は時間のオーバーや、横道に逸れることもままあったが、次第にそれもなくなり、ほとんどの会議が1時間半以内に収まるようになった。また、会議で「何を決めるか」が明確になり、「誰がいつまでに何をしてくる

のか」がその場で文書になることによって、タスクの実行率が上がった。会議の前半で、先日決めたタスクの確認を皆の前でやるので、やってない人間は顰蹙を買う。それが嫌なので、決められた期限までにタスクを終わらせようとするのだ。

更に、フルメンバー・サブメンバー制度というものを作った。その会議に絶対に必要な人はフルメンバー。ある議題にだけ必要な人はサブメンバー。そうした階級を明示化することで、無駄に会議に参加している人がいなくなった。同時に、僕の出席する会議も減った。というのも、会議の全てにいる必要はないが、このトピックだけは押さえないと、という時には、サブメンバーになり、そのトピックになったら呼んでもらい、それ以外の時間は自分の机で考える作業に時間を使えたりするのだ。

こうした会議改革によって、社内会議の時間が大幅に短縮され、考える時間を作れるようになった。僕の仕事がスマートワークになったと同時に、会議に出る社員たちの仕事もスマートワークになった。

・仕事の「仕組み化」

また改めて自分の仕事を計測してみると、今度はトラブル処理に追われていることが分かった。しかも現場の小さなミスに関して、僕がいちいち指示を出している。同じようなミスを、同じように繰り返していることが目立つ。

よくよく聞いてみると、仕事が人に張り付いてしまっているのが原因だった。属人的で、その人にだけノウハウがあって、その人が会議に出ていたりするとやり方が分からず、我流でやって、だめになる、といったようなパターン。

そうした属人性を徹底的に排除するために、文書化（マニュアル化）を進めた。それまでマニュアルはあることはあったのだが、フォーマットがバラバラで、見づらかった。見づらいから「そんなの見るくらいなら聞いちゃおう」となる。そして属人化していく。

そこで、マニュアルのフォーマットを作成して、これに則って書け、と通達した。そしてマニュアルの進捗をマネージャーたちの集まる場で定例の議題とした。マニュアルを開かせ、フォーマットを使っていなかったら、すぐやり直しをさせた。マニュアルの数も、チームの年度目標の中に組み入れた。

そこまでやると、マニュアルの数も増えてくる。しかし徐々にマニュアルを作ったは良いが、運用ができなくなってくる。それに対しては、ジョブローテーションを定期的に、頻繁にやるようにした。

自分だけで完結する業務は、わざわざマニュアルなんて作らなくとも、となりがちだ。そこで無理やり人に説明せざるを得ない状態にする。異動の引き継ぎは、嫌でもやらないといけない。

更に、ひとつの業務をなるべく1人で抱え込まないよう、「ダブルワーク」制度を作った。全ての業務を1人ではなく、主担当と副担当の2人でやることにした。自分だけでやるわけではないので、2人である決まった手順でその業務を行わないといけない。毎回いちいち相方に説明するのも、面倒くさい。そうしたら紙にしましょう、となり、それを参照するようになる。

こうしたマニュアルに基づいて仕事を行うという「仕組み」を作り、「仕組み」が陳腐化しないような、「仕組み」を運用することによって、人に張り付いて非効率かつミスの多い仕事を、スマート化していった。

・メール処理迅速化

僕が中毒だったメール処理も、9時6時で帰らないといけなくなると、何時間も割いてはいられなくなる。かといってメールを見ないだけだと、コミュニケーションを阻害してしまうことになる。そこで、「社内メールルール」を作ることにした。メールを開けた瞬間、それがどのような意図を持つものなのか、明示することにしたのだ。例えば、

…………

駒崎代表
堀江です。Aプロジェクトの件ですが、先方からの連絡がなくて、滞っています。こちらから改めて連絡した方が良いでしょうか?
ただ、まだ2日しかたっていないので、せかすと印象が悪くなってしまうような気もします。
先日もちょっとムッとされたことがあったので、決めかねています。

…………

というメールがあったとする。これは結局「催促するかどうか、意志決定して下さい」ということを意味していて、それ以外はさほど重要な情報ではない。しかも、いつまでに先方から連絡がないと困るのか、またこちらがいつまでに指示すれば良いのか、もよく分からない。こうした情報がよく分からないと、返信するのに無駄に考えてしまう。無駄に

考えてしまうと「後で時間がある時に考えよう」となって、そのメールは飛ばされてしまう。そして指示が出せず、トラブルに繋がり、トラブル処理に追われる、というようなことになる。

そこで、メールの先頭に「してほしいこと」と「期限」を必ず入れるようにしたのだ。

……………

駒崎代表【意志決定】【0317迄】

堀江です。Aプロジェクトの件ですが、先方からの連絡がなくて、滞っています。

こちらから改めて連絡した方が良いでしょうか?

ただ、まだ2日しかたっていないので、せかすと印象が悪くなってしまうような気もします。

先日もちょっとムッとされたことがあったので、決めかねています。

……………

これだと、一行目で、「ああ3月17日までに意志決定してもらいたいんだな」と了解してメールを読むことができる。期限を明示することで緊急度も分かるし、「で、何してほしんだろ」ということを考えなくて済む。

この他、

【依頼】……何かをしてほしい時

【要FB（フィードバック）】……意見を求める時

【共有】……返信はいらないが、情報共有したい時

などのコードを定めておき、それぞれ「い」と打ったら【依頼】が出てくる等、パソコンの辞書登録を行った。

社内でやり取りする全てのメールをコード付きにすることによって、圧倒的にメール処理の時間が早まった。それまで5分に1回メールチェックしていたのを、一日2回にスマート化することができた。メール処理にかける時間が3時間半から1時間になった。にもかかわらずコミュニケーションの滞りは全くなかった。自分のメールチェックの無意味さに、また驚愕した。

・電話会議の活用

社外の方との打ち合わせも、スマートになるように工夫した。

社外会議のスマートワークツールは、電話会議である。電話会議といっても、1対1で電話で話しましょう、というものではなく、複数人で話せる仕組みである。複数人といっても、テレビ会議のように回線の遅さや不具合を気にすることもない。ひとつの番号にかけて、パスワードを入れれば、オフィスからでも外からでも、話せるようなシステムだ。大きな設備投資は必要なく、月々数千円、というところから使える。

お互い移動時間を節約できるし、事前に議題の整理さえしておけば、会えばなんやかやで1時間程度掛かってしまうような会議も、電話会議なら20分くらいで終わってしまったりする。コンサルタント業界等では普通に使われているみたいだけれども、一般的にはまだまだそういう慣習はなく、提案するとちょっと面喰われてしまう時があるけれども、使ってみると非常に便利で、劇的に社外の打ち合わせ時間を短縮できた。

・中間マネージャーのスマートワーク化

苦労したのは中間マネージャーのスマートワーク化だった。僕たちの組織は三階層あり、経営者・マネージャー・スタッフと分かれている。マネージャーは主にスタッフ数人で構成されるチームをマネジメントするのだが、小さい組織ゆえプレイングマネージャー（自分も手を動かすマネージャー）にならざるを得ない。

この中間マネージャーが仕事を抱えて、キャパオーバーになり、スタッフへのマネジメントが十分できず、スタッフたちが非効率な仕事の仕方をしていたのだった。

僕はあるマネージャーを呼び出した。

「ねえ、君はいつも遅くまで働いて頑張っているね。」

マネージャーは、

「はい、頑張っています！　やることがいっぱいです！」と嬉しそうに言った。

「そうだよね。頑張っているよね。君は本当に優秀にやってくれていて、僕も嬉しいよ。それでね、優秀な君にお願いなんだけども、君がいなくても回るチームを作ってほしいんだよね。」

マネージャーの顔が曇る。

「いや、うちのチームはまだまだそういう状態ではありません。Aさんも、Bさんも、自分の作業でいっぱいいっぱいで、全体を見通せるには、まだ時間がかかります。自分がいないと、チームは回っていきません。」

彼は、自分の存在意義を懸命に主張した。

実際にマネージャーの彼は誰よりも仕事をしていて、それゆえ「彼にしか分からないこと」というブラックボックスがぶくぶくと大きくなっていった。チームメンバーは彼の指示を仰がなくては仕事を進められなかった。マネージャーはチームメンバーから指示をたくさん仰がれるのを「頼りにされている」と勘違いしていた。

「まだ育ってない、かぁ……。」

僕は考えた。おそらく今のような働き方をさせていたら、一生「まだ」であろう。

「じゃあね。これ命令ね。君の仕事時間をね、9時から6時にさせてほしいんだよ。」

マネージャーは眼を丸くさせた。

「いや、無理です！　今ですら頑張って8時に帰れるかどうか、なんです。利用者さん相手のメールなんて、その日のうちに返さないといけないですし。結構夕方になってクレームのメールが来ることだってあるんですから……。」

「じゃあ、何で僕が9時から6時で働けているのかな？　僕はこの組織で一番忙しい人間である、っていう自信はあるんだけども。」

「そ、そうですけれども……。」

「君が仕事抱えすぎていると、君しか分かんないことが増えていくんだよね。そうすると、スタッフが君にいちいち指示を仰がないといけないし、そうしたらいつまでもスタッフが育たないんだよ。君は君しかできない仕事をやって、後は下に任せてよ。言っても無理だと思うから、物理的に君の仕事の時間を減らします。君の仕事時間は9時6時。忙しい時は30分くらい残業しても良い。その日の朝礼で、全員に向かって『僕は今日何時に帰ります』と宣言して。日報にも『明日は何時に帰る』って必ず記載して。ちなみにこれ、命令です。」

「そ、そんな……。」

†マネージャーからスタッフへ広げる

真面目なマネージャーは気落ちしながらも、忠実に僕の言うことを守った。朝礼で「今日は6時に帰ります」と一番忙しそうな彼が言いだした時は、スタッフ全員「どうしちゃったのだろう」という顔をした。真面目な彼は6時で帰れるよう、その日のうちにやらなくてはいけないことを優先的にやるようになり、自分でなくてもできることは積極的に下に振っていった。そのうち指示で時間を取られるのを嫌がるようになり、一度出した指示は必ず書面に落とし、今後その書面を基準にしてほしい、ということをスタッフに伝えていった。

「最近頑張って早く帰っているね。素晴らしいよ。さすがだよ。」

僕はマネージャーに伝えた。

「恐縮です。やればできるんだな、と思いました。」

「それでね。今度はこのスリムタイマーを、君の部下全員にセットアップさせて、何にどれくらい時間を使っているか、計ってほしいんだ。」

「え！　そんな部下を監視するようなことは、ちょっと……。みんな嫌がります。」

「部下の仕事ぶりをよく見て、彼らの仕事での躓きを解決し、より生産的にするのが君の仕事だよね？」

「そうですね。」

「じゃあ、部下の仕事ぶりを定量的に把握することは、彼らのためにもなるんじゃないかな？」

　まじめなマネージャーは、これも渋々実行に移した。スタッフからは「こんなの馬鹿らしい」「電話一本受けるのにいちいちクリックするなんて……」という非難をスコールのように浴びながら、スタッフにスリムタイマーを導入していった。

マネージャーの会議ごとに、チームスタッフの仕事ぶりをデータに基づいて発表させた。

「Aさんは、今週利用者さんへの説明会があるので、その業務に注力していました。それがこの『メール処理』の時間の多さに表れています。Bさんは……。」

「ちょっと待って。Aさんの『メール処理』時間の多さは分かったけど、『文書作成』の時間が極端に少なくないか？　彼女の業務はマニュアル化して、来週からダブルワーク化させていくのに、間に合うの？」

「えぇっと、Aさんは『マニュアル化は徐々にやっています』と言っていたのですが……何ででしょう。ちょっと後で聞いてみます。ひょっとしたら、実際は進んでいないのかな……。」

等という議論ができるようになった。部下のキャパシティや仕事のやり方は、実際は見えるようで見えない。働き方というのは、印象論に大変大きく左右されてしまう。相当熟練のマネージャーでもそれを正しく把握するというのは難しい。いわんや若くて小さいうちのような組織のマネージャーが正しく把握できているわけがない。「何となく把握」を打破し、根拠に基づいた議論ができると、マネジメント力の育成にも繋がっていった。

・在宅勤務で生産性アップ

ある時の部下のスリムタイマーを見ている際の会話。

「斉藤さん、先週は文書作成で15時間取っていますね。結構多いですが、どのくらいのアウトプットを出しましたか？」と僕。

「ええ、私はWEBの更新作業を文書作成としてカウントしているのですが、キャンペーンのバナーを2つ作る作業をやりました。」と斉藤。

「2つ？」

「ええ、2つです。」

「バナー2つで15時間は、かけすぎかな、と思います。2、3時間でちゃちゃっとやってもらう程度で良かったんです。キャンペーン期間が終わったら取っちゃうものですし。」

「そ、そうですよね。作業自体は簡単なんですぐできるんですが……。」

「が？」

「作業中に話しかけられて中断することが多くて、集中力を保つのが難しいんです。言いわけみたいで嫌ですが、私はダブルワークで人事的な作業もあるので、給与計算の件でよく質問されるんですね。大切なことなのですぐ答えてあげないといけないですし……。」

なるほど。何かに集中して取り組まないといけないスタッフが、コミュニケーションを必要とするスタッフに作業を中断されてしまう事態が、生産性を下げてしまっているのだな。そう思って僕はある有名な下着会社の社長がおっしゃっていた「がんばるタイム」を実行した。

「がんばるタイム」とは、ある1時間は誰とも喋らずにスタッフが集中して作業に徹する時間を意図的に作る施策だ。電話も限られた人しか取らないという。

僕は社内に号令をかけ、外人部隊の軍曹のようにお喋りを取り締まった。少しでも喋っている社員がいると、「会議室で喋って下さい」と叱責の矢を射たのだった。射られた社員はムッとし、小声で喋るか移動して打ち合わせを行った。お陰で職場は図書館のようにシンとして、みんなが作業に集中しているようだった。

しかし、その施策を行ってから小さなコミュニケーションミスや人間関係のトラブルが出るようになり始めた。コミュニケーションの時間が少なくなり、ちょっとした声のかけあいや確認が疎かになってしまったのだ。サッカーで言ったら「パス出して」という声掛けや「ナイッシュー」という激励の言葉がなくなってしまったようなものだった。

これはイカン。どうすりゃ生産性とコミュニケーションが両立するんだろうか？　と思っていたところ、著名なワークライフバランス・コンサルタントのパク・ジョアン・スックチャさんがスターバックスでカフェラテを飲みながら「在宅勤務はおススメよ」と教えて下さった。

「在宅勤務って、子育て中の人とかがやるもんじゃないんですか？」

「あらー、駒崎さん遅れているわ。海外では在宅勤務は生産性向上のツールとして使われているのよ。決して子育て支援というだけで取り入れられているんじゃないわ。」

「ほぇー、そうなんですか?!」

ならば善は急げ、だ。実験的にＷＥＢ更新担当の斉藤に在宅勤務を週１回してもらった。しかし僕は疑心暗鬼だった。もしかして斉藤は家で「おもいッきりテレビ」を見ながら仕事をしてしまうかもしれない。炊事洗濯をしながら作業をするかもしれない。そうしたら生産性が上がるどころか、甘えを生みだしてしまう。

疑いの眼差しを向けながら、斉藤からの日報メールに目を通した。「誰にも邪魔されず集中できました」という感想の下に、タスクリストが貼ってあり、今日中の締め切りの更新作業は全て終わっていた。

疑念の塊だった僕だが、ある一つのことに気づいた。「そうだ、別に炊事洗濯していたとしても、締切までにきちんとタスクを終わらせているんだったら、問題ないじゃないか」という当たり前のことだった。

検証のために彼女に家でもスリムタイマーをつけて作業してもらった。文書作成の時間は以前よりも多くとれ、あがってくるアウトプットも増え、時間当たりの生産性は高まっていた。

これは良いぞ。WEB更新担当者だけじゃなく、企画書を書いたり、様々な報告書を書く機会が多いスタッフにも広げよう。横展開だ。

そうして在宅勤務（テレワーク）を広げていくと、彼らの生産性も格段に上がった。コミュニケーションをせずに、単独で集中して文書や企画を作成するようなタイプの作業にはうってつけであった。

調子に乗って僕は在宅勤務信者になり、彼ら企画スタッフたちに「週1じゃなく、週3で在宅勤務して下さい。交通費も減るし、オフィススペースも削減されるし、最高です。」と通達した。

すると今度は企画スタッフたちの生産性が下がった。なぜなんだ。

「何か、寂しいんですよね……」と企画スタッフの宮崎が言いだしづらそうに言った。

寂しい？　何言ってんだ。これは仕事だぞ。生産性を高めるのが責務だ。むごー！　とちゃぶ台をひっくり返しそうになったが、もうちょっと話を聞いてみる。

「集中できるんで、作業は効率的です。コミュニケーションも電話である程度取れますし、それは問題ないんですね。ただ、雰囲気というか、自分だけでやっていると何となく気づまりになってしまうというか、息詰まる時があるんですよね。」

なるほどな、と思った。企画スタッフは、工場労働者と違って、時間当たりの効率性を高めるだけではダメなんだな、と。効率よく企画書ができても、企画書の質がイマイチだったら、本末転倒だ。企画書の質は、その人の発想力とか創造性、モチベーションや感情の状態に深く影響される。そうしたメンタルな部分をケアし、鼓舞する意味で、顔を突き合わせて冗談言ったり、相談乗ったり、ほめたり、というのが必要になってくるわけだ。

そうした失敗を踏まえて、在宅勤務は週2回まで、とした。通常の勤務と同様に日報をメールで全体に投げ、在宅勤務者はスリムタイマーの1日レポートを添付するという仕組みも作った。

・企画職以外のスタッフのスマート化

そうした生産的な仕組みを作ったは良いが、今度は企画職以外の社員から文句が出た。「〇〇さんだけ、ずるい!」「私だって家でやりたいわ」等というヤジが耳に入った。

在宅勤務は企画の生産性を上げるための試みだ、ということを口を酸っぱくして代表である僕がアナウンスした。すると、ああいえばこういう、というもので「私だってひとりでじっくり考えたい時だってある」という意見が出てきた。

聞いてみるとあながち単なる妬みでもない。ダブルワークをすると、企画以外のスタッフでも、企画的な作業をしなくてはいけない時がしばしばあった。また、仕組み化を推し進めるためにはマニュアル作成は不可欠だ。そうしたマニュアル作成は普段の流れ作業とは違ってじっくり頭を使って考えるので、中々切り替えられず、手を付けられなくなりがちだった。そうするとマニュアルができないで、仕組み化が進まない。仕組み化が進まないと属人的になりがちで生産性が落ちていく。

これまた頭が痛くなってきた。この問題に対して考えよう、とオフィスの近所のカフェ「プロント」に行って、ひとりで引きこもって考えてみた。ああすれば良いんじゃないか、こうすれば良いんじゃないか。ひとりで書き出しながら考えてみると、色々と良いアイディアが思い浮かぶ。書類の確認などせがまれることもない。サクサクと作業が進むなぁ。

そういえば、昔受験生だった時に、よくマックとかで何時間も勉強したな。家だと昔読んだ漫画を読み返しちゃったりして、中々集中できなかったけど、マックだと他にやることないからか、何故か集中して打ちこめたよな。って、待てよ。これだ。

僕がいつもやっている「外でのひきこもり」。これを社員が申請制でできるようにすれば良いんだ。「パーソナルひきこもりタイム」だ。マニュアルをがっつり書かなきゃいけない時に、カフェで1時間集中してやってもらえば良いんだ。

早速制度化してみたところ中々に好評で、運用できるようになった。同時にマニュアル化が進まない社員には「強制カフェ送り」を行うようにもなった。おそらく大きな会社であったら会議室がいくつもあるので、空き会議室などうまく使えばこうした制度は必要ないのだろうが、狭いオフィスの零細ベンチャー企業のような僕たちには、200円ちょっとで生産性を上げられる良い手段となったのだ。

こうした工夫を積み重ね、僕は徐々に自分の仕事と組織をスマート化していった。そしてこれまで16時間でこなしてきた仕事を、9時から6時の9時間で、しかも毎日やれるようになっていった。

そして空いた7時間を元手に、ライフビジョンの達成という新たな「仕事」に取り掛かった。それは食いぶちを稼ぐ普通の仕事（ペイワーク）で「働く」のとは別の、新たな「働く」がやってくることを意味した。

第4章

「働き方革命」でたくさんの「働く」を持つ

(1) パートナーに対する「働く」に時間投資

†パートナーとの関係がよくなった

僕が早く帰ると、一緒に住んでいた彼女は眼を丸くし、その後上機嫌になった。どうかしたの？ と聞かれたけれど、適当にお茶を濁した。ライフビジョンと「働き方革命」という実験の話は秘密だ。たとえ最も近しい人でも、「そんなの続くわけないじゃない」などと言われると凹むばかりか、自己イメージが本当に下がってしまう。起業でも同じだ。僕が起業しようとした時に、周りの人はできない理由を親切に並びたてた。そう言われるとできないような気がしてくるし、本当にいろんなことが難しいような気になってしまう。結果、多くの人は起業や独立に限らず、新しいことをするのを諦めてしまう。しかし奇妙なことに、そうした親切なアドバイスをする当人たちは、誰一人として起業したこともなければ、僕と同じ境遇にいるわけでもないのだ。
テーブルを囲むと、自然と「今日はどんな仕事だったの?」という話が出てくる。早く帰ってきているということは、仕事で変わったことがあったのか、と思っているのかも知れない。

「どんな仕事だったか」と言われても、説明が難しい。たくあんを嚙みながら考え込む。そういえばいつも仕事の突っ込んだ話をしてこなかった。帰りは遅いから、一緒に寝るだけ。朝もバタバタとしているので、一般的な話だけ。休みは出張や講演があって、そんなに顔を合わせない。時々はデートもするが、雰囲気が壊れるような気がするので、仕事の話よりもたわいのない、ふんわりとした話をしていた。

僕は試しに仕事の話をしてみようと思った。

「今日は法人契約先のクライアントのところに行ってたんだ。法人契約っていうのは、どういうことかっていうとね……。」

しかしAの話をしようと思っても、前提のBの話をしないと意味不明になってしまう。Bの話も色んな文脈があって、説明が難しい。

とりあえずBの話が出てきた脈絡を手短に話し、今日やったAという仕事の話をしてみたが、我ながら退屈な話である。

結局せっかく話しても理解しているんだかよく分からない様子の彼女は、相槌を打ちながらもトロロをかき回すのに一生懸命だ。僕の仕事についてあまりよく分かってない彼女に、これ以上仕事の話をしても意味がないように思い、僕は彼女に話題を振った。

「君こそ、今日はどんな日だったの？」

彼女は器用に魚の骨をより分けながら、言う。

「今日のお昼ねー、久々に社員食堂じゃなくって、大学の頃の友だちと待ち合わせて外でランチしたのね。イタリアンでおいしいところができてね、あの何とかっていう空間デザイナーが作ったお店なんだけど……。」

「結論から言ってもらえないかな？」

瞬間彼女の箸を持つ手が止まり、凍てつく静寂が食卓を襲った。まずい、これは仕事ノリだ。そういえばこの前会った人に、仕事の場で使う「レポート・トーク」と家庭で使う「ラポール（安心感）・トーク」は違う、って教わったぞ。「レポート・トーク」は結論から。「ラポール・トーク」はプロセスを共有する、だったな。まずい、取りつくろおう。

「うそうそうそうそだよーん！　なんつって!!　それでそれでそれで??　イタリアンのお

店で友だちとどうだったの？ うん？」

彼女は冷たい目線を向けながらも、少し持ち直して続けた。

「でね、その友だちがすごく怒っていて、それはね、彼女の会社のおじさんたちが、いつも遅くまで働いていて、それに付き合わされるからみたいなの。ぱぱっとやればすぐ終わるし、今日やらなくても良いことなのに、すごく頑張って夜遅くまでやっているみたい。彼女はそういうのが嫌で時間内に絶対終わるように猛烈に頑張るらしいんだけど、遅くまでいないと『頑張っていない』っていう評価になっちゃうみたい。評価されたいから夜までいるようになって、お陰でお肌がぼろぼろになっちゃった、ってぼやいていたわ。」

「あー、分かる分かる。うちの会社はそういうのを防ぐために、残業は申請制にするようにしたんだよ。経営者としては、人件費が一番重たくって、残業代となると25％増しでしょ。そうすると、その膨らんだ人件費で利益が侵食されちゃうわけだよ。人件費っていうのはなかなか曲者で……。」

と気づいたら、さっきはうまく話し始められなかった自分の仕事の話を、僕はずるずると話していた。彼女は分かっているのか分かっていないのかは分からないが、ふむふむ言いながらとにかく聞いているので、僕は続けた。

そして話しながら、徐々に不思議な気分になっている自分に気づいた。それは自分が鎧を着ている騎馬武者だったとしたら、馬から降りて兜を取って、鎧を脱いで、衣も脱いで、岩湯に肩まで漬かったような、そんな感覚。話すことで、心が軽くなっていくような変な思い。

「という感じでその時は大変だったんだよ。うん。」僕が変な気分になりながら話し終わると、

「そうだったんだ、大変だったねぇ」と相槌が打たれる。

「いや、でも今度からそういう事態が起きる前に、あらかじめ仕組みを作っておけば良いだけの話なんだよね。うん。」

と僕の口は僕の悩みの出口を勝手に作っていた。そして僕自身はそれを聞いて、

「ああ、なんだそんなことか。」

とまた気分が軽くなった。

そうだ、彼女は僕の仕事に精通するコンサルタントである必要はない。僕は彼女に自分の話したいことを話したり、悩んでいることを聞いてもらうことによって、悩みは融解し、解決可能なものになる。たとえ解決できないようなものでも、悩みの重量は口に出す前よ

りも出した後の方が、よっぽど軽くなるのだ。

そんな簡単で当然なことも、改めて発見したような思いを持った。

「どうかした？　味、濃い？」

彼女が僕を覗きこんでいる。

「いや、ぜ、全然。おいしいよ。」

僕はその時からなるべく多くのことを、仕事のことを含めて彼女と話すようになっていった。

†家事をマネジメントしてみた

帰りの電車の中で、自分のライフビジョンをちらりと見た。

「恋人あるいは妻も仕事を持ち、また同時に互いの自己実現を支え合えるよう、私は家事や育児にも関与し、それを楽しんでやれる自分に、とても気持ちが良い。」

そうだ、家事をしっかりやろう。楽しくやろう。このビジョンのために「働く」のだ。

家に帰り、「何か手伝うことはない？」と聞いた。

彼女は狐につままれたような顔をした。「え？　特にないよ。」

「いや、あるだろ。」

怪訝な顔をしながら、

「んー、じゃあそこらへん片付けておいて。」

喜び勇んでそこらへんを片付けてみる。

……ちっとも楽しくない。

片付けだからダメなのか。

「ねえ、ちょっと別の仕事くれないかな？」

「えぇ？　じゃあ、そこのお皿、洗っておいて。」

ジャージャージャー、ゆすいでみる。

シャカシャカシャカ、洗ってみる。

……楽しくない。

何なんだ。全然楽しくない。こんなことやってられるか。

時間の無駄だ。ふん！

ベッドにごろんと横になって、ノートパソコンのメールを見た。

僕が自分で設定したライフビジョンのメールがちょうど来た。

「恋人あるいは妻も仕事を持ち、また同時に互いの自己実現を支え合えるよう、私は家事や育児にも関与し、それを楽しんでやれる自分に、とても気持ちが良い。」

ぐむぅぅ、自分で決めていながら腹が立つ。

そりゃ確かにやれたら良いけど、つまんないもんはつまんないのだ。

やってくれるなら彼女にアウトソースした方が良いんじゃないか。

しかしそれではライフビジョンは実現できない。もう一回立ち止まって考えてみよう。

何で楽しくないんだ？　単純作業だから？　でも仕事でもメール処理とか単純作業はたくさんあるけど、それはそれで黙々とやっているし、やったらやったで達成感はある。

意義がないから？　生活をきちんと成り立たせる、っていう意義はあるよな。

じゃあ何だ？　仕事として考えてみると、「これ、やっといて」って投げられる雑用に似ているんだよな……あ、そうだ。分かったぞ。仕事が「フラグメント（切れ端）」だからだ。誰かから「これ、適当にやっといて」っていう仕事ほど、うぇ、面倒臭いな、っていうものはない。

フラグメントの対極にあるもの。それは「裁量権を持った仕事」である。自分で仕事のハンドリングができて、自分で決められる。よって結果は自分の責任になるが、自分の判断がどういう結果を生んだのかすぐに分かるので、やりがいもある。

僕は彼女のそばに行った。

「ねえ。」

「ん？」

「僕に裁量権を下さい。」

「へ？」

「僕に権限委譲をして下さい。」

「何のこと？」

こうして、僕は彼女の役割であった家事全般の中から、皿洗いと片付けを僕の仕事へと転換させた。これまで「適当に手伝う」という程度だったものを、「自分の仕事」に割りつけたのだ。

「自分の仕事」と認識した途端、これまでどうでも良かった自分の家の食器が、違う光を放っている。「俺を洗ってみろよ。お前にできるか？　この俺を素早く、そして綺麗に洗えるのか？」と挑発しているかのように。

僕は皿を洗い始めた。最初は随分と時間が掛かってしまった。１人暮らしの時は簡単だったのに、2人になると量も倍。意外に時間を食われる。25分近く皿洗いに費やし、僕は自分の時給を換算して、舌打ちした。たかが皿洗いのくせに、かなりコストを食うじゃないか。

次の日、僕は洗面所の前にストップウォッチを置いた。昨日は皿を洗ってはゆすぎ、という「洗いゆすぎセット法」であったが、今度は全部洗ってからまとめてゆすぐ、という「洗いゆすぎ別個法」を試してみた。するとタイムが5分ほども短縮できたのだった。よし！　思わずガッツポーズをとった。メソッドを変えたことでいきなり成果が出た。これは嬉しい。僕は次の日も、また次の日も皿洗いに対しトヨタ並みの「カイゼン」運動を仕掛け、ついに平均15分で洗えるようにまでなった。

しかしどうしても15分の壁を破ることができない。僕は数日間、自己ベストを出せない水泳選手のように考えた。僕には何かが必要だ。これを突き抜けるために、何かブレークスルーが必要だ。考えろ、自分を信じて考えてみろ。

僕は台所を台拭きで拭きながら、ふと思いついた。そうだ、設備投資だ。技術革新だ。あたかも家内制手工業（マニファクチュア）を、工場制機械工業にするように。機械を、食器洗い乾燥機を導入すれば良いじゃないか。これで革新的にタイムを短くできる。

しかし、食器洗い乾燥機の導入は、なかなかハードルが高い。まず彼女を説得できるか。ただでさえお金をかけるのが嫌いなタイプの人間だ。割と古風なところがあるし。周到な準備をしてプレゼンをする必要がある。

僕は仕事と同様に、①導入によるメリット②先方の心配な点に関する反証材料③具体的な見積もりをワードにまとめた。行ける、これは行ける。しかも僕の時給を考えると、月々数万円分の「見えないコスト」を削減できる。

彼女へのプレゼンは周到な段取りによって、3日ほどで予算化のゴーがでた。最後は好きな機種を選んでもらうことで、参加意識も高めてもらった。

キラキラと輝く食器洗い乾燥機を我が家にセットアップした時の達成感と初洗いの時の感覚は、まるで新しい工場を作って初めてラインを動かした中小企業の社長のそれだった。裁量を得て、「自分の仕事」としたことで、だるい家事が「やりがいのある仕事」に変わっていったのだ。

†彼女の家事をスマート化

家事を仕事のように捉えることで家事問題は解決したかに見えたが、ライフビジョンをもう一度見た。

「恋人あるいは妻も仕事を持ち、また同時に互いの自己実現を支え合えるよう、私は家事や育児にも関与し、それを楽しんでやれる自分に、とても気持ちが良い。」

互いの自己実現というのがある。自己実現ちゅうのは大雑把に言ったら、やりたいことをやることだ。

「ねえ、君はさ、どんなことがしたいの？」

僕は朝食の納豆をぐるぐるしながら、身を乗り出して聞く。

「何、藪から棒に？　圧迫面接？」

「いや、そうじゃなくて、人生でこんなことが出来たら素敵だな、とか。こういうことを仕事でも仕事じゃなくてもやっていきたいな、とか。」

「そうねぇ……。今ちょこちょこやっている歌に、もっと力を入れていきたいな。」

「おぉ！　そんでそんで？」

「それで、将来は地域の子どもたちに歌を教えたり、自分も時々ステージに出て人に聞いてもらって、喜んでもらったりしたいな。」

彼女がちょっと照れ気味で笑う。

「おぉ、いいじゃんいいじゃん。それ、やろうよ！　うん。」

彼女はため息をついた。

「何言ってんの。毎日働いて、帰ったらご飯作って。これで子どもなんて生まれたら、自分のやりたいことやる時間なんて、ほとんどないわよ。」

気まずい空気が流れ、「ごちそうさま」と彼女は言い残し洗面所に消えていった。

満員電車に揺られながら、考えた。僕がやりたいことをやって、彼女もやりたいことをやって、家のことは分担できて、というのが理想的だ。だけれど、彼女は「時間がない」と言う。それはうちの社員も言っている。「もっと『こうしたら良い』っていうのを提案してよ」と言っても、「今の仕事がパンパンで、そんなん無理っすよ」と返ってくる。つまり、キャパシティに対してタスクが詰まっているがゆえに、そこに「やりたいこと」を入れ込むキャパシティが残っていない、ということなんだよな。

赤羽から人が更に乗ってきて、混雑した車内が今度は殺人的なすし詰め状態になった。痴漢に間違われないよう、両手で吊革にしがみつく。無様なターザンみたいになりながら、また考える。仕事においてキャパシティ——タスク関係を調節する場合は、「業務の棚卸」をするよな。同様のことを、彼女の家事や仕事以外の時間にも適用してみたらどうだろうか。一見タスクがキャパシティを圧迫している状態でも、棚卸をすることによって「やらなくても良いこと」や「やりすぎていること」が見えてきて、それを止めたり、小さくしたりすることができるのではないだろうか。

大きな動物の体内から吐き出されるように、池袋で人の濁流に混じって吐き出された僕は、うっとうしい通勤にもかかわらず機嫌が良かった。仕事でも何か思いつくと気分が良くなる。生活の分野にも、仕事と同じようなエキサイティングな要素は、実はたくさんあるのかもしれない。

お昼休みに早速彼女に電話した。

「ど、どうしたの、急に⁈　事故、それとも事件？」

「いやね、ちょっと聞きたいんだけどね。」

「うん、早く言ってよ。」

「仕事が終わってから、夜寝るまで、何にどれくらい時間をかけているのかな？」

「はぁ？」

「それぞれの行為にどれくらいの時間をかけているか、をざっくりで良いから教えてくれないかな？」

「何疑ってるの？　私、浮気とかそういうの、絶対してないから！」

予期してない答えに肝をつぶした。

「違う違う、そうじゃないって。ほら、時間がない、って言ってたじゃん？　歌とかする時間がない、って。それでね、何とか工夫できまいか、って思ったんだよ。だからさ、とりあえず教えてよ。はい、今帰宅しましたー。はい！　それから？」

彼女はあまり気乗りしなさそうに、

「えぇっと。帰りました。あ、帰る前にたいてい買い物に行くわ。家とは反対の方向にヨーカドーがあるから、そこに寄るのね。職場から自転車でヨーカドーによって帰るまで、そうね、だいたい30分くらい。それで、料理に30分くらいかかって、最近あなたは早く帰るから、ちょうど料理ができたくらいにあなたが帰ってくる。で、ご飯食べて、ちょっとのんびりして、お風呂入る。これで1時間半くらい？　それで他の家事やったり、メールチェックしたりして、1時間。あとは寝るだけね。これで良い？」

と答えた。

「ぐっふっふっふ。」

「な、なんなのよ、あんた！」

「見つけた。」

「な、何が？」

「業務改善ポイントだよ。」

「何のこと？」

「いや、今ざっと見るとね、家の反対方向のスーパーに毎日買い物に行って、献立を色々考えて、買い物をする、っていう行為って、本当に必要かな？」

「外食はお金かかるじゃない？」

「いや、買い物はさ、食材を宅配してくれる会社とかあるじゃん。あれを使えば、しなくても済むんじゃないかな。」

「えー。でもたくさん頼んで、余っちゃうかもしれないでしょ。あと、なんだかんだいって、そういうのって高いんじゃないの？」

「じゃあお試しでやってみよう。それで不具合があったら、従来のやり方でやってみようよ。」

　その次の週に早速生協のカタログが来た。それまで渋っていた彼女は、カタログを見るなり「わー、色々あるぅー」と大喜びして、楽しそうにマークシートを埋めている。一方僕は宅配と従来のコストの違いと、買い物と生協注文にかかる時間などを集計し、コストパフォーマンスを計算した。

結果、買い物の時間は削減され、食費コストの増加も人件費を組み入れればむしろ新方式の方がコストダウンを図れた。彼女は浮いた時間を作曲や歌の練習に使うようになり、友人と組んでいるバンドで手作りのCDを作った。CDを作ったりしていると、ライブもやりたくなる。いくつかのライブ会場で公演し、果ては僕の知り合いが勤めている大型ショッピングセンターの特設ライブ会場（ミュージックステーションみたいにキラキラしている）で、ライブを決行することもできた。

好きなことをしている時の彼女の表情は、本当に綺麗だった。少なくとも毎日時間がない、と言ってやりたいことができない人の表情を毎日見るよりも、よっぽど気分の良いものであった。

†運動のある生活にジャンプ

家事や買い物の合理化で、生活がきちんとしていくと、あからさまにすがすがしい気分になっていった。

その調子で「ジムなどに行って日々運動をし、体調を整え、それが精神的な健康にも繋がり、元気でい続けられることに、私は充足感を覚えている」というライフビジョンを改めて読んでみた。

これは強敵だ。毎日ただでさえ疲れている。それに上乗せして疲れるようなことをするなんて。しかし目標を目の前に突きつけられて、それに手をつけないでいると罪悪感に襲われるのは、ビジネスパーソンの悲しい習性だろうか。やらずにはいられなくなってくる。

よし、やろう。これを導入しよう。僕は最寄りの駅前にあるジムに行き、とりあえず見学をしてみる。明るいフィットネススタジオでは、中年の女性が音楽に合わせて軍隊のように同じ動きをしている。その中におっさんが1人混じって、懸命に腕を上げながらステップを踏んでいる。

ダメだ、自分があのおっさんでは、耐えられない。あんな恥ずかしいことをするんだったら、ビジョンなんてどうでもいい。僕は見学開始2分で挫折しそうになった。

案内してくれているインストラクターの女性が、僕の沈鬱な表情にも気づかず、変なマシンを勧めてくれる。

「これで、筋力などのパフォーマンスを測定できるんです。駒崎さんもどうですか？」

気乗りしないが、インストラクターの女性が僕の好きなアイドルユニットのボーカルに似ていたので、とりあえず機械には乗ってみた。

機械のひんやりとした感覚を両足の裏に感じながら、メーターの目盛りは何らかを測定しているらしく、カタカタと気持ちの悪い音を立てている。

「はい、駒崎さん、結果が出ましたー。」

意味なく嬉しそうな声で、インストラクターがプリントアウトされた測定結果をテーブルの上に置いた。さっきまでアイドルライクな嬌声を出していたインストラクターが、急に人事評価面談時の人事部長みたいな険しい顔つきになった。

「駒崎さん、これはちょっと微妙ですね……。」

「え、何がですか。」

「ほら、見て下さい。」

見ると、体のマークに色が塗られている。僕の体は全体的に青っぽくなっている。

「筋力が十分あるところは赤で、ないところは青くなるんですね。駒崎さんは全体的に筋力不足です。体脂肪とかは大丈夫みたいですけども、その、筋肉がアレなようですね。」

インストラクターの目が、憐れみをたたえているように見える。

なんてことだ。これでも中学時代は空手をたしなみ、高校時代はボクシングジムにも通っていた。いつか暴漢に絡まれている綺麗なお姉さんを助けて、お姉さんに一目ぼれされる、ということがあるんじゃないか、とひそかに考えていさえする僕なのに。

「20代でこのレベルということは、これから年を取っていくと、膝や腰、色んなところに問題を抱えていくことになるかと思います。また、全体的に運動不足なので、ストレスもたまりやすく、内臓などにも影響が出てくるんじゃないかなと思います。」

騙されてはだめだ。これはフィットネスジムのマーケティングだ。洗脳営業だ。僕はまともだ。『ゲイナー』を読んじゃうような健康な20代ビジネスパーソンなのだ。

僕はインストラクターから評価結果をひったくり、逃げるようにマシンエリアに向かった。お試しでマシンに挑戦してみる。マダムが座りながら胸の前のバーを押している機械があった。簡単そうなので、マダムの後に僕も座って、重さはどう変えるのか分からなかったので、変えないで押してみた。おぉ、こんな感じで腕とか胸が鍛えられるのね。まあ、押せない重さじゃないね。試しに10回くらいやってみようか。あ、あれ。4回目でしんどくなってきたよ。あれ、腕がプルプルしているよ。5回。6回。やばい、変な汗が出てきた。腕がこれ以上上がらない。背中をエビぞりにして、全身で押す。なぁな回っ！　ぶはぁぁぁ、ハァハァハァ……！

僕は周りを見回した。インストラクターが遠目でこっちを見ている。僕と目が合うと、即座に目線を外した。

なんてこった。これはまずいぞ。学生時代に鍛えた体力は、ビールとともに洗い流されてしまったのか。このままだとどんどん体力がなくなって、年取ってもバリバリ仕事をしていく、なんてことができなくなる。元気でい続けることが難しくなり、それが気力にも影響していってしまうだろう。

僕は着替えてフロントに行った。

「すいません、この『ただいまキャンペーン中』って、入会金かかんないってことっすよね？」

(2) 家族や学びに対する「働く」に時間投資

†家族とのつながり ①姉との関係

「2人の姉とは、常に助け合い、相談し合うことのできる仲間であり、そうした関係を築けていることが、とても嬉しい。」

このライフビジョンを実現するために、姉2人を食事に誘う。健康にうるさい彼女たちのリクエストで、銀座八丁目の野菜と豆腐と魚しか出さない物静かな和風料理屋に集合した。僕と姉とは13歳と10歳離れている。いわばもう1人の（あるいはもう2人の）母親みたいな存在で、なかなか頭が上がらない存在だ。僕が中学生のころには、すでに別々に住んでいて、そんなに仲良くずっと住み暮らしてきたというわけでもない。その2人が僕を取り囲んで、豆腐をほおばっている。

「で、私たち呼びつけて、何の用なのよ？」

「結婚の日取りでも決まった、っていうわけ？」

僕は小ビールを片手に言った。

「いや、そういうわけじゃなく、ね。そろそろ僕らも、というか僕も一社会人として責任のある年齢なりになるわけですけども、姉君たちとの関係をですね、見直して、もっと何と言うか、パートナーと言いますか、共にね、あの家族として二人三脚の関係性をですね、つくっていけたら、と。」

学芸員で一児の母である、2番目の姉が言う。

「君ぃ、いきなり呼び出して何言うかと思えば、それじゃあ、私たちが二人三脚じゃなかったみたいじゃない。君さ、誰がおしめ代えてあげたと思っているのよ。」

「いやいやいや、そういうわけじゃなくってね。ほら、お姉ちゃんも出産して育児しているし、僕もこれから結婚とか育児とか、そういうフェーズに入ってきてさ。色々と状況変わったり、大変なこともあるかなと思ってね。んで、ここらでせっかくの姉と弟なんだからさ、強い紐帯っていうの？　結びつきをね、再確認して、なんつーか、ビジョンをね、再構築しておきたいと思ったわけよ。」

2番目の姉はいぶかしそうに、

「弘樹、君さ、宗教とかやり始めたわけじゃないわよね？　洗脳されたりしたら、私がグーでぶん殴ってあげるから。」

と拳を握った。

「ち、違う違う、何もないって。家族ってほら自然だし、企業と違って理念もビジョンもないとは思うんだけどさ、何か方向性というか、こうなったら良いな、っていうのを共有できたりすると良いんじゃないかなって、普通にそういうことだって。そういうこと。」

その時、外資系企業に勤める上の姉がお猪口を猛スピードでテーブルに置いた。

「そうよ！　弘樹。そうなのよ!!」

「え?!　何が？」

「あなたの言う通りよ。私たちはちゃんとパートナーシップを組んで、今後の人生を歩んでいくべきなのよ。」

僕と2番目の姉は口を開けて彼女のことを眺めた。

†会社に100%身を捧げてくれる社員の消滅

「私は数万人が働いている会社で、アジアパシフィックのダイバーシティ・プロジェクトチームに参加しているのね。ダイバーシティっていうのは多様性ね。多様な国籍、バックグラウンドの人たちが活躍する土壌をどう作るのか、っていうチームね。そこで話題になっているのがね、特に日本支社では、これから『会社に100%身を捧げてくれる社員』っていうのがいなくなるだろう、っていうことなの。つまりはこういうこと。

この銀座のお隣の新橋でたむろしているおじさんたちの時代は、もう会社が人生そのものよ。起きている時間、全部仕事で、それは会社に時間を提供することだった。家事や育児、介護なんていうのは、専業主婦の奥さんに全部やってもらえば良かった。だから会社でのポジション＝人生のポジションだったわけ。でも、今は違うでしょ。今どき家事・育児・介護を全部奥さんがやってくれる、なんていうのは、奥さんが仕事を持っていたら無理。大企業に勤める男でも、いつ会社がM&Aされて自分の部署がなくなっちゃうか分からないから、奥さんは勤めていてくれた方が安心。

そうすると、30代40代の労働者の多くは、男だろうと女だろうと育児には関わることになるわけよ。で、今度は40代から60代までは、親の介護でしょ。そうすると、30代から60代までの人々は、『100％会社に捧げる』なんて無理よ。残るは20代だけど、彼らはまだ仕事もよく分からないし、そういう意味で投資期間の人たち。しかも3年で3割辞める時代だから、彼らに頼ることなんてできない。

そうすると、今までみたいに、『100％会社に捧げる』ことを社員に要求するようなマネジメントや評価システムは現実と乖離していっちゃうわけ。分かる？　うちみたいな外資からすると、そういう働き方の変化は別に珍しいことじゃなくて、海外の状況に近づいたようなものだから、それに合わせて、研修や制度を変えていっているのよね。それでね、私がアグリー（同意）なのは、あなたの言うパートナーシップね。私たちがこれからパートナーとして直面するのが、介護の問題よ。パパとママの介護ね。これは遅かれ早かれ、そうね、10年以内には来るわよね。そうなった時にどういう風に負担を分担していくか、っていうことを今のうちに考えることは、無駄じゃないと思うのよ。」

上の姉は外資系の文化なのか、身ぶりと手振りを駆使して訴えた。2番目の姉は、「まぁ、昔からそういうのは『長男が……』って言ったりはするけどねえ。」

と横目で僕を見る。それを上の姉は遮り、

「あなた今時何言ってるのよ。そんな時代じゃないわよ」と言い放った。

「私たち姉弟は、当然みんな親から恩を受けているのよ。私たちがバブバブ何もできなかった頃に世話してくれたんだから、彼らが何もできなくなったら世話すんのが当然じゃないの。」

「まぁ、そうだけど。」2番目の姉はウーロン茶を一口飲む。

家族プロジェクト

「弘樹、あなたの大学の学費、いくらだった?」上の姉の鋭い舌鋒は今度は僕に向かう。

「えっと、年間100万、くらいかなぁ。」

「そうでしょ。私が出た私大もそんなもんよ。あなたの美大だって、そのくらいでしょ?」

と2番目の姉をチラリと見る。2番目の姉はウーロン茶を飲みながら目だけでそうだ、と返事をする。

「その学費を出してくれたのは、誰よ? 私たちそのお陰で、まともに働いて好きなことやってるんじゃないの。学生のころは分からなかったけど、1年で100万って、これ結構大金よ。私が今だせ、って言われたら、嫌だもん。」

僕と2番目の姉はうつむき加減になって、焼き魚をつまむ。

「あなたたち、うちの両親がどうやってそのお金を捻出したと思う？　ん？」

僕たちは首をかしげながら、焼き魚の骨を身と分離させる。

「うちって、妙に引っ越しが多かったでしょ？　マンションを次から次へ。弘樹は引っ越しが多くて転校したりしたから、ずいぶんそれで親に文句言ってたけど、あれは学費が必要になる度に、マンション売ってそれを捻出してたんだからね。」

僕たちは「え?!」と顔を上げる。

「あなたたちそんなことも知らないで、のうのうと引っ越しが嫌だとか、うちは貧乏だとか、好き勝手なこと言って。パパとママはかっこつけて恩着せがましいことは言わないけども、そりゃあもう大変な思いで働いて、マンション売って、学費を出してくれたんだから。そんな親をね、私たちがパートナーシップを組んでケアするなんざ、そりゃあそうよ、ってことなのよ。弘樹、あなた小学生の頃からボヤボヤしてたけど、たまには良いこと言うじゃないの。お姉さん、感動したわ！」

それから僕らは、というか姉を中心として親の介護のために経済的にどういう準備をしなければならないか、を話し合い、姉弟でそれを分担していく方向性を打ち出した。

「私たちはプロジェクトチームなのよー！　いぇーい！」

いぇーい、と純米酒のお猪口をカチリとさせつつ、とりあえず盛り上がって良かったと熱い豆腐をハフハフしたのだった。

†家族とのつながり　②両親との関係

「両親が丈夫で楽しく暮らしていて、常に良い関係を深め続けていられることを、私は幸せに感じている。」

社会人になってから、親とまともに話したことなんて、何回あったろうか。電話するのも何だか恥ずかしいし、ましてや会うのは非常に気が引ける。そこで、問答無用に会いに行かざるを得ないシチュエーションを創りだすような「仕組み」を構築すれば良いのではないか、というのが姉とのプロジェクトチーム内で出された見解であった。

それが「イベント」である。墓参り、正月、父の誕生日、母の誕生日、姪の誕生日、そうした時にはとりあえず集う、というルールを設定した。それまでも散発的にそういった集まりはあったりしたのだが、それぞれ仕事の忙しさや関心の高低によって、集まり具合というのはバラバラだった。そこを、チームルールとして再確認し、メンバーに貢献を求めた。

上の姉はリーダーキャラなので、声かけ役。2番目の姉は、両親がもっとも喜ぶツール「孫」を持参してくる。僕はパソコン等機械の不具合を解決する役目。それぞれ集まって、単に飲み食いするだけでなく、両親を喜ばせるようちょっとした工夫をしていった。介護予防のため両親に運動を奨励し、健康診断や人間ドックをプレゼントに送った。「良い感じ」で老いていけるよう、趣味やちょっとした仕事に挑戦することを後押しした。

そうやって両親のクオリティオブライフ（生活の質）向上に貢献したりしていると、ふと気づくことがある。老いた時に自分の人生を楽しめるかどうか、は好きなことをきちんと見つけているかどうか、とそれを共有できる仲間がいるかどうか、に大きく左右される、と。例えば66歳の母は山登りが大好きで、「死ぬまでに日本100名山を制覇する」と息巻いている山の仲間がいて、毎週末を楽しみにしている。67歳の父もフォークダンスが好きで、フォークダンスサークルを主宰し、イスラエルからフォークダンス業界の神みたいなオッサンを連れてきて、一緒に踊れて恍惚としている。何が楽しいのかは全く分からないが、非常に楽しそうだ。

では自分が老いた時、僕は何を楽しみとするのだろうか。今一番楽しいこと。それは仕事である。老いた時には、僕は仕事からは離れざるを得ないだろう。いつまでも年寄りがいたら下が育たないし、体力的にも限界があろう。そうした時に、自分には何があるんだろうか。スーツを着て公園で弁当を食べているおじさんになってしまうのではなかろうか。

†地域社会のために「働く」

「あんた、何言ってんのよ。年寄りは趣味ばっかしてる暇人じゃないのよ。やること一杯あるのよ！」

母が僕の話を聞いて、口元にビールの泡を髭のように付けながら、がなりたてる。

「あんた、町内会入りなさいよ。この団地の町内会じゃ、あたしが特攻隊長でバリバリやってるのよ。」

「えー、町内会とかって、もう必要ないと思うよ。今じゃネットで仲間を集められるし、近所の繋がりだけがつながりじゃないし、さ。」

母はピーナッツを僕の顔にぶつけてくる。

「痛っ！　なにすんのさ。」

「あんたね！　ネットか何か知らんけどね。近くに住んでいる人間同士が助け合う、っていうのはどんな世の中になっても大切なのよ！　この前だって、7階の高橋さんが亡くなっているのを最初に発見したのも、町内会だったのよ。最近見ないな、と思って会いに行ったら、亡くなってたのよ。息子さんも離れて住んでいるから全然知らなかったし。例えば精神的に参っちゃっているかどうか、なんて遠くにいたら分かんないでしょ。そこらへん、顔合わせてたら、気づいてあげられるわけよ。

この団地にはね、地域にはね。困っている人はたくさんいるのよ。ゴミ出しの仕方が分かんない中国人にゴミの出し方教えてあげないといけないし、育児鬱になりそうな奥さんには、たまには美容院でも行ってきなさいよって子ども預かってあげたりさ。やることはいくらでもあんのよ。でもあんたら男は仕事か趣味か、しかないと思っている。仕事は仕事でも、金にはならないけど、社会のためになる仕事があるのよ。引退したら、町内会でも何でも、やったんなさい。死ぬまでやることは、生きている限りやるべき仕事はあるわよ。この小坊主。」

もうすぐ30になる人間を捕まえて坊主もないもんだけども、まあ言われてみたらそうかもしれないな、と思う。僕は趣味らしい趣味もない人間だけども、地域の人間とっ捕まえてプロジェクトチームを創っても面白いかも知れないな。久しぶりに親と話すと、自分の将来とか老後とか、普段考えられないことを考えさせてもらえる。

なんて1人で考えにふけっていたら、僕の一張羅のスーツの背中のところに、姪がよだれと鼻水が混じった液体を懸命になすりつけていた。うぎゃー！

†「学び」という投資の時間ができる

残業レスになったことで、結果として自分の仕事が絞れてくると、空いた時間を自分の能力向上のために投資できるようになった。

今問題に感じているトピック。営業に悩んでいたら営業の、人事に悩んでいたら人事の本を読み漁った。本が100のことを言っていたとして、参考になるのは5か10くらいであった。以前は100読んでも5しか参考にならないことを「95無駄にしてしまった」と捉え、時間を無駄にしたくなかったから読む本を厳選し、結局なかなか読めずにいてしまった。

しかし5が継続的に得られるというのは偉大なことだ。1カ月に1回5が得られるのと、3カ月に1回15を得られるのでは、前者の方が僕にとっては得だ。なぜなら最初の1カ月

5を得られれば、少なくとも残りの2ヵ月は何も得ていない状態よりも5だけ優れた行動ができる。2ヵ月目にまた5を得られれば、1ヵ月目に5だけ優れた行動ができ、2ヵ月目に10優れた行動ができる。この「時間差」が変化の早い時代には効いてくる。「あと数ヵ月前にこれ知っておけば、この手段が打てたのに」というようなことは多い。経営にとって数ヵ月が命取りになってしまうことだってある。

継続的に読書などのインプットの時間がある、というのは経営者やマネージャーにとっては、命綱になりうるのだ。

更に経営者である僕の勉強は、「人の話を聞く」ことであった。

「どうしたのー、駒崎君。珍しいじゃん、一緒に飯食おうだなんて。」

「はい、荻原さん。久しぶりに経営の先輩たる荻原さんのお話をお聞きして、勉強させて頂きたいと思いまして。」

「またまたぁ。そんな参考になることなんて言えないよー。」

「いやいや。実は僕たち、社員が30人、売上がこのくらいの規模になってきたんですけども、荻原さんの会社がそういうフェーズに来た時って、どんな課題が出てきましたか？」

「あー、そのくらいの時期はね。社員一人ひとりとコミュニケーションの時間を持ちづらくなってきて、こういう問題が出てきたんだ。それはね……。」

というように、先輩の経営者にお時間を頂いて、ご飯などを食べながら勉強させて頂いたのだ。業種が違っても、組織の成長によってもたらされる問題に共通点は多い。課題が起きた時に、それが未知のものか、既知のものか、は解決によって格段の差が出てくる。「うぇ、こんな初めてのこと、どうしよう!! パニック!」となってしまうか「あー、これが先輩の言ってたことか。想定内だな。彼はこの時にああしたって言っていたから、僕たちもそれを参考にして……」となるかの違いだ。もちろん全ての課題を予測することも、それに準備することもできはしないが、少なくともその情報を知っておくことで、先手を取って進めていくことができるのだ。

経営者にとって、いや経営者だけではないだろうが、「知る」(=「学ぶ」)ということはビジネスにおけるセーフティネットのようなもので、確実に成功確率を高めてくれ、失敗の際のダメージを和らげてくれる投資のようなものだ。その投資をする時間がようやく取れていったのだった。

†本を書くことで恩返し

「本、ですか？」

僕は目の前に座った綺麗な編集者の人に聞き直した。

「そうです。本を出してみませんか？　御社の対外的なブランディングに寄与しますし、何より社内の方々に御社の起業の軌跡を通して、ビジョンと理念を効果的に伝えられますよ。」

以前の僕だったら、「ただでさえ激務なのに、これ以上時間を取るようなことはできないですよ」と一蹴していただろう。けれども9時から6時勤務で、かつ土日は基本的に空いている今の僕ならそれもできるだろう、と思い承諾した。

土曜か日曜のどちらかを、地元の喫茶店に籠り、自分の起業時の苦労話や嬉しかった話をまとめていった。書きながら数年前のことを思い出すと、色々な人に助けてもらったり、優しい言葉をかけてもらったりしたことが呼びさまされ、涙が出てきた。そして涙と一緒に感謝の気持ちがとめどなく湧いてきた。今こうして自分がいられるのも、あの時のあの人のあの一言、あの人の働き、あの人の援助がなければ、存在しないんだ。そう思うと、じわじわと嬉しさとありがたさ、何かお返ししたいという感覚が胸の中に広がっていった。これを幸福感と言うのかも知れないし、感謝の思いと言うのかもしれない。しかしどう名づけようと、忙しく働きまくっていた時にはこうした気持ちは湧き上がってこなかった。今を生きること、今を切り抜けることに頭の全てが総動員されていて、感謝の思いが占めるスペースはなかった。

事業に余裕が出てきたから、ではない。事業は今でも大変であった。色々と課題は山積みだ。単純に「仕事以外の時間を作った」だけだ。執筆という行為を通じて、過去を振り返ると、感謝をせざるをえないような状況がそこにはあった。僕は生かされてきたのだ、と。同時に人間として当たり前の感謝の気持ちを、一生懸命働くことでちょっとずつ失っていった自分に、皮肉な思いを感じたのも確かだった。何も悪いことはしていない。よき労働者として懸命に働くことで、逆に僕は人間的なものからちょっとずつ遠ざかっていってしまったのだ。

僕は本を通して感謝を表し、これから起業する人たちに対してお返ししようと思った。本が出版され形になった時、満足感よりも「これをお世話になったみなさんに読んでもらいたい」という思いを強く持ったのは、僕にとってごく自然なことであった。

そんなこんなで、仕事のスマート化によって生み出された時間を、ライフビジョンの実現という「仕事」、食いぶちの本業（ペイワーク）で働くのとは別の「働く」、それらに投入していったのだ。あるものはすぐに効果が出て、あるものは長期的な投資が必要そうだったが、とにもかくにも、一歩は踏み出せたのだった。

この「働き方革命」が、意外なところに波及効果をもたらしていった。

第5章　「働き方革命」が見せてくれた世界

(1)「働く」とは、あるべき人生を形作ること

†泥の中をほふく前進していた僕

給料から税金などの経費を差し引いて残るのを、可処分所得と言う。僕は仕事をスマート化させることで、可処分所得ならぬ可処分時間を大幅に増大させた。お金持ちではないけれど、時間持ちにはなっていった。

その時間をライフビジョン達成のための「働く」に投資した。稼ぐ仕事以外の「仕事」は、家庭菜園のように小さな実を実らせるようになっていった。

最初に実った果実。それは説明するのはとても難しい、ふにゃふにゃとした果物だった。あえて名づけるとしたら「『やむことのない不安』からの脱出」だ。

僕は以前から懸命に働いていた。仕事で手を抜いたことなんて、ほとんどない。むしろ

追い立てられるように、仕事に打ち込んでいた。たとえるならば、夜間にぬかるんだ泥道を、ほふく前進でゴールまで全力で進み、最も早く到着せよ、と上官に命令された兵士のようであった。ゴールはどこにあるのか、分からない。ただおそらくこの真っ暗な闇の先にあるのだろう。一秒でも早くゴールに着くためには、全速力で泥の中をほふく前進していかなくてはならない。自分がどれだけ進んだのか、これからどれだけ進むのか、よく分からない。だけれども頑張って前に進むことだけはしなくてはいけないと信じているし、泥まみれになっている自分は誰よりも努力している気がする。

しかし夜は暗い。不安になる。このままゴールに着けるのか、不安になる。ひょっとしたら道を間違えているのではないか。まっすぐ進んでいるつもりが、実は少しずつずれて大きく軌道をはずしてしまっているのではないか。でもその事実を確かめようにも、あたりは暗く、何も見えない。そんなことを考え立ち止まっては、おそらくこの闇の中に自分と同じように前進をしているだろう、他の兵士たちに後れを取ってしまう。不安を抱えながらも、自分は進むしかないのではないか。いつか闇の中にゴールを意味するかがり火がたかれているのを発見することを信じて。

それが僕の働き方だった。そうした常に追い立てられるような感覚から、僕は徐々に解放されていった。

†ハイウェイを愛車でドライブするような働き方

闇夜の泥道を這うような働き方から、晴れたハイウェイに愛車を走らせるような働き方に。僕はルート99のような一本道を快走する。雲のない青空の下、スピードを出しすぎもせず、エンジンが気持ちの良い音を出す一番の速度で、僕は走る。車には速度計がついていて、自分が今どのくらいのスピードで走っているのか、僕は知っている。そしてハイウェイには今町からどのくらい離れ、目指すべきところまで何キロあるのか、を道路標識が示してくれている。頬にあたる風の気持ちよさを感じ、ハイウェイ沿いに走る海岸線の向こうにある海の美しさを眺める。ガソリンスタンドに寄り、燃料を補給する。ついでにタイヤの調子やバッテリーの様子を見てもらい、ゴールまで故障しないか念入りに調べる。

ガソリンスタンドの横のカフェに入り真剣に地図を広げ、自分の位置を確認し、ゴールまでの道のりで、難しいカーブや険しい山道を何回もチェックする。そうしていると同じように走っているドライバーが店に入ってきた。やあやあと挨拶を交わし、笑顔で天気や道のことを話す。彼らは僕と同じように懸命に走ってはいるが、ゴールは別々だ。だから競争はしていない。どちらが早く進むかは関係ない。互いに互いの無事と幸運を祈り、そして別れる。

ほふく前進をしていた時に僕は、常に背中の上にどっしりとのしかかる不安を乗せていた。しかし今、助手席に不安は乗っていない。もちろんこの先にある山道を乗り切れるか、カーブは曲がりきれるか、という心配はする。しかし僕にはゴールも見えているし、自分がどこにいるかも理解できている。不安の種類が違うのだ。一方は見えない不安。これは前進する僕を蝕む。もう片方は見えている不安。これは僕を慎重にさせ、対策を立てさせ、そして乗り越えることで学習させてくれる。

「働き方革命」は、やむことのない不安をいつの間にか違うものに変えてくれるというリターンを返してくれた。

†優秀なビジネスパーソンはアスリートのようなものだ

「僕は自分をアスリートのようなものだと思っているよ。」

名古屋を中心に若くしてコーチングの会社を展開している社長の方は、ミルクティーに口をつけ、言った。

「社員の前に、取引先の前に、銀行の担当者の前に座る時、僕はベストなコンディションでなくてはいけない。疲れが溜まって不機嫌な顔をしていたら、目の前に座っている人たちもまた、不愉快な思いをしてしまう。それは僕のビジネスにとって非常にマイナスなんだ。だから日々、コミュニケーションの一瞬一瞬でベストな自分を出せるよう、常にメンテナンスしていなくてはいけない。」

「メンテナンス。」僕は相槌を打つ。

「そう、メンテナンス。だから僕は休日には積極的に休む。マッサージを受け、きっちり眠り、意識してリラックスの状態に持ち込む。そうすることで、疲れを完全に取り、平日に準備するんだ。良いアスリートが、試合ごとに自分のベストパフォーマンスを出せるよう、きっちりと調整するように。彼らにとっては、調整のミスはパフォーマンスに直結する。僕たちもそうだ。調整も含めて、仕事だと思っている。」

彼の考えは僕が実験している「働き方革命」の考え方をサポートするものだった。仕事とは、職場に行って滞在して帰るまでの行為ではない。その定義は人それぞれであって良いのだし、拡張された仕事観を持つことにより、本業の仕事に対しより広い視野で眺められるようになるのだ。彼の言っていることと符合するが、僕も「働く」を拡張し、本業の食いぶち稼ぎ（ペイワーク）も含めてライフビジョンの追求そのものを「働く」とした。そしてそれは間違いなく（本業の）仕事にも良いリターンを返してくれた。

運動や家族との時間など、様々な「働く」がメンテナンスの役割を担ってくれ、モチベーションが常に高い位置であり続けてくれるのだ。モチベーションの泉というものがあるとしたら、それがこんこんと湧き続けてくれるようなものだ。以前だと泉からこれでもかと水を汲んでいると、そのうち水が汲めないくらいの水位になってきて、水のない中で炎天下に農作業をするような状態で、仕事をしていた。辛くて水を飲みたいけれど、水はなく、しかしそれでも手を休めるわけにはいかない、というような。

こんこんと湧き続けるモチベーションがあれば、毎日毎日をかけがえのない一瞬として、刻みつけるように生き、本業の仕事ができる。仕事をする時間の密度が格段に濃くなり、仕事の質を大幅に上げるリターンを得た。

仕事だけに専門特化「しない」ことが、職場において働くことだけを「働く」としないことが、逆に仕事を充実させるという逆説。かの若き経営者の言わんとしていることは、「働き方革命」を試行した僕にはよく分かったのだった。

†体という乗り物の性能を上げる

定期的な運動という投資は、「体」という生涯を通して僕が乗るビークル（乗り物）の性能を上げた。以前はぎりぎりまで寝て、起きた時の気分は最悪であった。いつも最悪な気分のもと起きだし、コーヒーを飲みながら何とか通常の意識を起動しながらも、なかなかウィンドウズが立ち上がらないパソコンのように、朝を過ごした。当然朝の機嫌は悪く、彼女とまともな会話にならなかったし、出社直後の社員とのコミュニケーションも実りがあるものではなかった。

運動をした次の日は朝のしんどさが緩和された。ぱっちりと目が覚め、今日も頑張るぞ、うりゃあ！　と起きる。運動をすると体が疲れて早く眠気が来るので、当然と言えば当然、翌朝、早く起きやすくなる。

「朝から何でそんなにテンション高いの？」

と朝食を一緒に食べる彼女にいぶかしがられるくらい、朝からギアを3速くらいまで入れられるように、僕のビークルは変わっていった。

†恋人からパートナーになっていた

僕はライフビジョンを達成するために、気づいたら彼女と多くの時間を割いて対話をしていた。それぞれどんな人生を送りたいのか。そのためにはどのような生活スタイルが望ましいのか。どういう風に時間を使っていけば良いのか。そんな風に対話を繰り返しているうちに、恋人はかけがえのないパートナーにいつの間にかなっていた。

昔から「パートナーとなるような人と出会いたい」と思って色んな女性と付き合ってきた。しかし致命的な間違いを犯していたことに、「働き方革命」を始めた後に気づいた。パートナーというものがいて、それに出会うのではない。人はパートナーになっていくのだ。しかもそれを相手に期待するのではなく、自分が変わることで新しい関係性を創りだすことができるのだ。

当たり前のことだと思う。けれど懸命に、そして長時間働く僕は、対話の時間なんて取れなかった。だから無意識のうちに、インスタントに実りのある関係性を創りたい、と思うようになる。手をかけずに、自分のことを理解してくれる人。こちらが与えなくても与えてくれる人。僕が承認しなくても、僕を認めてくれ、僕が望む以上のものを返してくれる人。

ありえない。けれど時間に追いまくられ、自分の人生について5分とゆっくり考えられなかった状態の僕にとっては、思考は限られた枠の中でループする。人は自分の思考の枠組みの中で行為を行う。僕は結果として自分が変われば実りが生まれたはずの関係性を、相手がパートナーとして適格ではないという判断を勝手に下して台無しにし、次々と同じことを繰り返していたのだった。

「そばにいてくれて、ありがとう。」

と口に出して言ってみた。パートナーは「な、何言ってんの？　頭でも打った？」と早口で、けれど少し嬉しそうに言った。

†見えなかった世界に気づいていく

小さい頃にロールプレイングゲームで、物語が終わっているのにレベル99まで上げるために、繰り返しモンスターを倒している同級生がいたが、そういう奴が信じられなかった。なぜ同じことをひたすら繰り返すことに情熱を傾けられるのだろうか。新しいイベントに、未知の何かに手を触れてこそのゲームだろう。子どもながらそういう級友を馬鹿にした。

けれど大人になって僕は仕事というレベル上げをやっていた。毎日同じ電車に乗り、仕事の種類は違うけれど、毎日仕事をし、毎日同じ電車で帰り、寝る。僕のレベルは多分上がっている。そのうち99になるのかも知れない。

しかしそれは僕という物語に、どのような意味があるのだろうか。あるのかも知れないけれど、少なくとも僕は同じモンスターを同じエリアで倒しているだけでなく、色んな街に行ってみたい。色んな人と話して、色んな困りごとを聞いて、洞窟に行って、モンスターを倒して宝物を得て、街の人を喜ばせてあげたい。知らない人や知らない風景、知らない環境に身を置き、発見と感動の物語を生きたい。

「働き方革命」によってライフビジョン追求の旅に出た時に、知らない人や知らないこと、発見と感動の冒険の物語は、向こうから来た。

例えば彼女と話す。今度休みの日に友人たちとホームパーティーをしようと言う。僕の知らない彼女の友人たちが来て、僕の知らない彼女の話をする。僕の知らない仕事の話を聞いて驚き、そんな世界があったんだね、と発見する。彼らは僕の知らないところの話を教えてくれ、今度行ってみようと提案してくれる。僕はものすごく興味があるというわけでもないけれど、知らない場所に行けるからついていってみると、意外に面白く、自分の頭の中の冒険の地図に新しい大陸を見つける。

例えば、いつもだったら早足で通り過ぎてしまうような家の近所の一角に、石碑がある。時間がある僕は足を止めて石碑を読む。そこでは歴史的な会談が執り行われ、それによって日本の歴史が塗り替わったという。僕は休日にウィキペディアでその会談を詳しく調べてみる。確かに会談の歴史的事実は重要だった。その会談は僕と大して年の変わらない男が奔走して開催したものだった。僕はその男に興味を持ち、彼について書かれたわずかな本を読んでみる。すると今では忘れられてしまった彼の躍動的な人生が眼前に浮かびあがってくる。彼はこの町で人々のために闘い、勝ち、しかし最終的には傷つき破れていった。

そんなドラマを知ると、僕はこの町に特別な感情を抱かざるを得なくなる。今までは公園があって、その横にコンビニが、というような位置関係が中心だった町に、時間という軸が組み込まれ、立体的になる。そうここで彼は生れ働き、そして死んでいったんだよな、と、通りがかる度に思える。今までの退屈な風景が、とたんにカラフルに色づき、動きだす。そして僕は未知の物語と繋がることができる。

例えば普段の仕事の中で、これまで気づかなかったことに気づけていける。わき目も振らずに時間に追いまくられていた時には見えなかった社員の成長。誰かのちょっとした気遣い。支えて下さる方々の思い。隠れがちな仕事のリスク。囁きに似た出来事や風景が、目に、耳に入るようになる。僕はそれらに気づき、感謝したり対策を立てたりすることができる。見えていたものだけでなく、見えてない世界というものが存在し、それらは色んなシグナルを発し、僕に気づかれるのを待ったり、あるいはヒントを出してきたりする。僕は一つの世界を生きつつ、僕の見ているものは物事のほんの一つの側面、一つの世界だけで、世の中には無数の世界がミルフィーユのように折り重なり、関わり合っていることを知る。それら見えない「もう一つの世界」を僕は知ることで、単調な繰り返しどころか、多層な世界のハーモニーを奏でる交響曲の指揮者として、働くことができる。

僕は知ったのだった。知らない人や知らないこと、知らない物語、発見と感動と冒険は、遠くに行くことで得られるのではなく、向こうから訪ねてくるのだ。僕たちが心のチューニングを合わせることで、向こうから訪れる。チューニングにかかるほんの少しの時間を確保すれば。働くことを狭く限定せず、僕たちのあるべき人生の姿を形作る作業全体を「働く」と定義すれば。

(2) 「働き方革命」で職場が変わる

†残業代が減ってコストが減る

「これが今月の残業代の積算です。」

人事担当の女性社員がA4のシートを僕の机の上に置いてくれた。うちのようなサービス業では、人件費が費用のほぼ70%を占める。今までは残業代は給与の平均10%程度であった。ということは、人件費のおよそ10%、費用においては7%程度だ。

利益率を7%上げるのが、どれほど大変なことか、というのは会社を経営した人なら共通して分かることだろう。机の前に差し出された紙には、前四半期との対比が出ている。残業代はおよそ半分に削減されていた。それによって約4%利益率が上がる。売上を上げるには広告費や販促費などの投資が必要だ。コストを削るにもシステム導入などのコストが必要だ。しかし残業代の削減にはコストは必要ない。根気強さと「働き方革命」があれば良い。

†優秀な女性社員をゲット

空いた時間を投資して書いた本が出版されて、ビジネス書としては普通より若干多いくらいの人に読んでもらえた。僕は自分が書いたものが綺麗な装丁をしてもらって本屋に並んでいるだけで感動でお腹一杯だった。

しかし執筆という投資は、思いもよらず人材というリターンを引き連れてきてくれた。

「代表が書かれた本を読み、転職を決意しました。」

目の前の上品な顔立ちの女性は人事コンサルティング会社に勤めている。履歴書には社会保険労務士やキャリアなんとかという横文字の資格でいっぱいだ。プロのコンサルタントとしての実績も確かで、更に大学で講義をしたりもしている。

社員10数人のどう考えても零細企業、かつNPOという世の中的には何だかよく分からない団体として認識されているわが社に、こうした人材が来ることは、普通はない。給料もおそらく半分以下だろう。

「御社であれば、子どもを育てながらも、自分のプロフェッショナリティを十全に生かせると思いました。給与は多いに越したことはありませんが、やりがいと子育てと仕事の両立の方が私にとっては優先順位が高いのです。」

はぁ、そうなんですね、と間の抜けた相槌を打ち、僕は採用シートの合格のところに丸を付けた。

この他、経理のパートの募集をしたのに、公認会計士の資格を持っている優秀な女性が入社してくれたり、日本を代表する巨大企業からエントリーシートが多数送られてきたりした。それらの多くは女性で、子どもを育てているかこれから産みたいと思っている、優秀な女性たちであった。

†優秀な学生がどんどん来てくれる

「東京大学の大学院に合格しましたが、そちらではなく御社に就職したいと思います」と慶應大学4年の女子学生が、まっすぐ僕の方を見て言った。

自分探ししすぎて頭がおかしくなった若者が、間違って受けに来ちゃったのかと思って志望動機を聞いてみると、彼女は非常にしっかりとした口調で、本に感銘を受けたこと、結婚して子どもを産んでも働き続けたいことを述べた。まるで山手線は丸いです、と言っているように当たり前に結婚後のキャリアのことについて話す彼女の真剣さに、10歳も年が離れていないながらも、僕はたじろがされた。

基本的にうちみたいなド零細かつボランティア団体と勘違いされるような企業は、リクナビに登録なんてしていないし、新卒も定期的に採っていない。そんな会社に彼女のような優秀な女性が続々と申し込んできた。その大半をまだ企業体力がないので、と断らざるを得ない程だった。

彼女には卒業までの半年間ただで働く根性があったらきて下さい、と無理難題を持ちかけて諦めてもらおうと思ったが、まったく問題ないですと言われ、そしてそのまま新卒社員として入社した。

†マネージャーの成長と組織の成長

経営者とスタッフを繋ぐ重要な役割が、マネージャーだ。マネージャーをマネジメントするには、普通は彼がマネジメントするチームの成果を見る。成果が出ていなければマネジメントが機能していないと言えるし、成果が出ていれば機能していると言っても良い。

けれど全てのチームが明確な成果を出せるものか、というと疑問符が付く。営業系であれば成果を数値化するのは容易だ。けれどサービスクオリティを高める部門や社内サービス系のチームは、成果を数値化できないか、成果を数値化するのに多くの手間がかかってしまって、中小ベンチャー企業ではやりきれない。

そういった場合、マネージャーのマネジメントを管理する方法として、プロセスを管理するやり方がある。彼がどういう人材をどういう仕事につけたのか、部下のキャパシティにどの程度のタスクを詰めているのか、というチーム内経営資源の配分（アロケーション）を見ていくことで、うまくマネジメントしているのか、そうでないのか、が分かる。

アロケーションの巧拙は、残業時間数で見られるようになった。しっかりと効率的にアロケーションを行えば、残業時間数はゼロになるはずだ。しかしそれができないということは、仕事（タスク）に対して、人材の適切な受け入れ容量（キャパシティ）を確保していないということを意味する。もちろん季節の繁閑差等はあろう。しかしそれは事前に読めるものが8割だ。忙しくなる時期は人員の増援を依頼するなり、基幹業務に集中して補助業務を停止させるなりして、アロケーションを行えば良い。

こうしたマネジメントがワークしているか否か、ということは残業時間数によって「見える化」されるし、またスリムタイマーによる業務分析によってより詳細に分かるようになる。

以前は残業時間数を追っていなかったため、こうしたマネジメントの機能低下についてはすぐには気づけなかったが、今ではマネージャー自体が自らの通信簿として残業時間数を利用できるようになった。自分の成績が今どこにあるのか、が数値で分かると、マネージャーは自分の成長度合いが分かるようになる。成長させようとしなくても数字を見ると、次はここまで頑張ろう、そのためには……と自ら考えるようになる。

マネージャーが成長すること、マネージャーを担える人材が育成されること、が組織のキャパシティを決める。いくら手を動かす人がたくさんいようと、それを取りまとめるマネージャーが不在の組織は、やれることが限られてしまう。だから組織を成長させる鍵は、機能するマネージャーをどれだけ育てられるか、である。「働き方革命」は、組織の成長を促したのだった。

†危機の発生と対応

どうしてこんなことになったのか、僕は一瞬分からなくて両目のまぶたを右手でもみながら自分を落ち着かせようとした。資金繰り表に間違いがあり、このままだと3ヵ月後にキャッシュアウト（現金がなくなる）してしまう、という報告が財務担当から上がってきた。

会社でも、非営利組織でも、銀行口座からお金がなくなったら、死を迎える。従業員に給料が払えなくなったり、家賃が払えなくなったりするからだ。黒字であったとしても、お客さんに喜ばれていても、メディアから評価されていても、手元に現金がなくなれば、おしまい。健康な人が急に心不全で倒れるように、突然にして組織は葬られる。

ミスは簡単なことであった。コストを予想する重要な変数を、データベースが項目を重複してはじき出していて、それを前提に財務シミュレーションを組んでしまっていたためだ。ダブルチェックをしていれば、ミスは起きなかった。ダブルワークを徹底していなかった、わずかな隙をぬって、ミスはその銃口を突き付けてきたのだ。

目の前が真っ暗になって、みぞおちに鉛の玉をじかに押し当てられたような感触を覚えた。死の直前の病人のように、様々な後悔の念が僕を襲う。なぜもっと懸命に働き、自分自身で全てチェックしなかったのだろう。下の人間に権限委譲などせず、全部僕が見れば良かったんだ。なぜ早めに帰ってしまったりしたのだろう。僕がもっともっと死ぬほど働いてさえいれば、もっと早く異常に気づけたのではないだろうか。

僕は非常事態宣言を社内に発し、自分のキャパのほとんど全てを事態打開のために使った。データベースを修正させ、正しい数値を出すようにし、回収できる現金はすぐに回収させた。3カ月間で出血するように出ていくコストを徹底的に見直し、大幅に出血量を減少させた。一方で売上を伸ばすために矢継ぎ早にマーケティングや営業施策を実施。輸血のように入ってくるお金をかき集めた。

仕事の事情を話し、定時勤務ができないし、自分自身の給料も止めるかもしれない、と話すとパートナーは、もちろん大丈夫だよ、とうなずいてくれた。私の貯金もあるから、数カ月だったら養ってあげるわよ、と笑った。

残業の多かったマネージャーと、財務担当マネージャーが僕の机に2人でつかつかと歩いてきて「2カ月くらいだったら何とか生きていけるんで、私たちの給料を止めて下さい」と申し出た。社員から聞いたのだろうか、うつ病と闘っているOさんからの電話が鳴った。もしなんだったら僕も50万円くらい持っているから、振り込ませてもらえないかな？ 闘病で休職していて経済的に余裕はないだろう彼の言葉に、涙が止まらなかった。

社員に残業するなと言う手前、僕がたくさん残業をして働くわけにはいかなかった。その代り朝4時に起きて、彼女が起きてくる7時まで仕事をすることにした。その日にやるべきことで最も重要なことを、朝の3時間で片付ける。朝はタイムリミットが明確なので、集中が強要される。重要だけれども気の重い仕事のオンパレードを、朝のテンションの高さで乗り切る。

乾坤一擲の打ち手は2カ月後に実を結んだ。コスト削減策によって費用は15%削減され、収益も伸びた。入ってくる現金も増え、出ていく現金は減り、死亡宣告を突き付けられた月末を、乗り切ることができた。

倒産回避を社員に告げると、みな一同に安心したようにざわめいた。もうサプライズは辞めて下さいね、と誰かが言い、笑いが起こる。

「でも代表が暇な時に発覚して良かったですね。そうじゃなかったら今頃アウトでしたよ」とある女性社員が言った。暇ねぇ、とおでこをかきながら呆れたように言ってみせると、またみんなが笑った。

あれ、と思った。それはあながち間違いじゃない、と声が出そうになった。暇ではなかったが、業務がキャパシティの120%だったわけじゃない。「働き方革命」のお陰で、キャパシティには余裕があった。だから自分の時間の多くを危機回避に使えたのだ。朝早くに起きて集中力を切らさず、重要なことに全力を投入できたのだ。日頃からコミュニケーションを取っていたお陰で、パートナーも状況を理解してくれたのだ。僕は自分の働き方を変えてしまったことをひどく後悔したが、もし過去のような働き方だったら、どうなっていただろうか。危機回避に全力を投入しようにも、日々の膨大な業務が接着剤のように体にまとわりついて、素早い動きができなかったのではないか。既に重い鞄を両手に持ちながら、更にバックパックにパンパンに詰められた鉄の塊を担いで全力疾走するはめになったのではないか。そんな状態で、集中力を切らさず、社員を笑いながら励まし、冷静に最善の打ち手を打てただろうか。

背筋が寒くなる思いだった。僕はむしろ「間に合った」のだった。「働き方革命」を行うことにあと少し遅れていたら、この津波のような危機に押し流されてしまっていただろう。目の前には子どものいる社員、いない社員、年を取った社員もいれば、ついこの間まで大学生だった社員もいる。彼らの笑顔が見える。笑った顔が今ここに、僕の目の前にあって、本当に良かった。

終章　「働き方」を革命し、日本を変えよう

†会議は続くよ、どこまでも

気づくと内閣府での会議はまだ続いていた。誰かが話していると、ある人は頭を抱え机をボールペンの反対側でコツコツコツコツコツと神経質に叩き、また別の委員は腕組みをして天井をずっと見ている。

「日本人は勤勉で素晴らしいのだけども、人生を楽しむということを知らないのはいかん。ヨーロッパでは引退後は悠々自適で、みんな早く引退したがる。仕事しかない日本人の精神性を見直さなければいけないのではないか？」と誰かが言う。

これは間違いだ、と僕は思う。ヨーロッパと日本では年金制度が異なっているし、また全てのヨーロッパ人が退職後に悠々自適になれるわけでもない。一部のヨーロッパ人は手厚い年金制度によって、安心して老後を過ごせるが、それはヨーロッパ人の精神性が素晴らしいからではない。そういう制度を創ったからだ。

「労働人口が減って日本経済が衰退するというが、そんなことよりも直近の非正規・派遣労働を見直さないといけないでしょう。不安定な雇用が社会情勢を不安定にさせている」と誰かが言う。

確かにそうなのだが、短期的な対策と中長期的な対策とをごっちゃにしてはいけない。短期的には行き過ぎた流動性から来る不安定雇用はまずいので、セーフティネットの構築を中心にすぐにアクションをとることはもちろん大事だ。しかし短期的な処方箋を打てば、労働人口減少や生産性の低迷など中長期的な問題が解決するわけではない。僕たちは短期的な処方箋を出しながら、その傍らで中長期的なアクションをとるという二兎、三兎を追っていかなければならないのだ。

†働き方を変えるために、働くことを捉えなおす

委員の間で徒労の色が見え始めたからか、休憩になった。僕は淀んだ空気の中、小魚のように会議室を突っ切って廊下に出た。ロビーまで出たところで友人の携帯に電話をかける。日本の労働政策という大きなテーマを話しすぎて、感覚がおかしくなっていた。誰か普通の、僕と似たような一般の人間と話し、温度の感じられる場所に着地したかった。そして、今自分が取りとめもなく考えていること、こうなったら良いんじゃないかと夢みたいに思っていることを、誰かに話したかった。

「おう久しぶり、でも何だよ、今仕事中なんだけど。」

男子高校時代の親友で、現在28歳、普通のサラリーマン。2人の子持ちの都内IT会社勤務が、若干迷惑そうな声で受話器を取った。

「なぁ、働き方を変えるために、働くことを捉えなおす、っていうアイディア、どう思う？　例えば決まった時間できちんと成果を出して、帰ってから妻と子どもと食卓を囲んでコミュニケーションを取った後に、分担された家事をきちんとこなして家族に貢献する。子どもが寝た後は自分の知的付加価値を上げるために勉強して、自分自身の向上に貢献する。休日はしっかり休めて地域のNPOに関わったり、サッカーのコーチをやったりして地域社会に貢献する。友人たちや自分の親たちとの繋がり合いもしっかりと持って、彼らが困った時に助けることができたり、嬉しいことがあった時に一緒に喜べるような時間と気持ちの余裕を持つ。例えばそういう働き方が可能になったらさ、お前どう思う？　そういうの、どうだろうか？」

友人はうわごとのようにまくしたてる僕に馴れているのか、冷ややかに言った。

「あーそういうの、何だっけ。ワークライフバランスとかっていうんだっけ？　いるよ、そういうこと言う人。何か自分だけ残業しないで帰って、俺とかがそいつの終わらせなかった仕事の尻拭いするんだよね。僕、キャリアアップのための資格の勉強で忙しいんです、みたいな。やれやれだよ。」

携帯電話を持っていない方の手の人差し指でメガネを持ち上げて、渋い顔をしているクールな友人の顔が浮かんだ。

「違う、そういうニュアンスじゃないんだ。自分のために、自己中心的に仕事の手を抜いて、自分のことに時間使おう、っていう話じゃないんだ。何ていうか、人生そのものを『働く』として捉えるんだ。『働くこと』と『そうじゃないこと』があるんじゃなくって、食いぶちを稼ぐことも、家族と生きることも、自分のために学ぶことも、全部ひっくるめて『働く』っていう風に考えたらどうか、っていうことなんだよ。『働く』を『他者と自分のために価値を生み出すこと』とするんだ。俺たちは職場であろうが、地域であろうが、価値を生み出せるんだ！」

「はい？　働くっていったら会社行ったりすることだろ、普通。」

「違う違う。それだと、働き方を変えられないんだ。会社という場所で働きつつ、自分を含めた社会のために働くんだ。そのために職場での『働く』もあれば、家庭での『働く』もあり、地域での『働く』もあるんだ。それぞれ楽しいんだ。それぞれで自己実現できるんだ。そういう風に『働く』スタイルを変えていく。そう、『働き方革命』だよ。みんながそういう風に自分の働き方を変えていけば、女性が働けないなんていう問題は解決するし、それによって人口減少にも歯止めがかけられる。」

「あのさ、そういうのって、俺たち一般人がどうこう言っても、難しいんじゃないかな？　政治家とか官僚とかさ、いるわけだろ。彼らは俺らの税金で食ってんだからさ、ちゃんと働いてもらえば良いんじゃないのか。何でお前がそんなに熱くなってるんだ。」

僕はロビーから会議室の出口を見た。狭い廊下を何人かが背中を丸めて、行ったり来たりしていたが、何をしているのかよく分からなかった。

「いいか。政治家や官僚を機能させるのも、俺たちの『働く』の一部だ。忙しいっていって投票行かなきゃ、政治家なんて働かせられるわけ、ないじゃないか。地元の区役所の役人が働いてるかどうかだって、区報見る時間がなきゃ、分からないだろ。区報見ても分かんなきゃ、地元で活動しているＮＰＯとかが一番そこらへんの事情知ってんだからさ、彼らに力貸せば役人をしっかり働かせるように動けるだろうが。俺らが家庭や、家庭に繋がっている地域で『働か』ないと、どんどん悪くなっちまうぞ。」

友人はため息をついた。

「おいおい、勘弁してくれよ。高校時代いつも俺のノート見てたお前でも、新聞くらいは読んでるよな？　大不況だぞ。この不況でな、明日切られるかも分からない人がたくさんいるんだ。食いぶち稼ぐのに皆精いっぱいだ。俺なんて子ども2人抱えている。そんなことを言う余裕が、世の中にあると思うか？」

「違うんだ。みんなで戦わないとダメなんだ！　特に俺たちの世代は一番つけが回ってくるんだ。俺たちが年老いた時に年金や社会保障が破綻していないかどうか、は俺たちが『働き方革命』を起こせるかどうか、にかかっているんだよ。今の不況はむしろチャンスだ。これまでの経済の在り方、働き方を見直せる良い機会だ。経済のための経済ではなく、持続可能な経済のためにどう社会があるべきなのか。その社会の実現のために、個人はどう生きるのか。それを問い直せるんじゃないか？　どうだろう？」

上司がこっち見てるから切るぞ、くだらんことで仕事中に電話してくんなよ、と言われ電話が切れた。

†日本は「課題先進国」である

もうすぐ休憩時間が終わる。喫煙所を通り過ぎたところで、ポケットに手を入れて煙草を吸っている、委員のうちの1人の大学教授と目が合った。反射的に歩みを止めて会釈をすると、彼は少し笑った。

「日本は『課題先進国』だ、ということが分かったかね？」

不意をつかれ、「え」と間の抜けた顔で僕は聞き直す。

「先進国は先進国でも『課題先進国』さ。どこの国よりも早く少子高齢社会に突入する。それによる労働人口減少。年金をはじめとする社会保障の破綻危機。日本が先頭を切って、そうした今日的な社会問題にぶつかる。アジアだったら韓国と台湾はいずれ今の日本のようになるし、1人っ子政策を取る中国はもっと極端な形だが、日本と同じ問題にぶつかるだろう。我々は何の因果か、1人で早めにテストを受けなくちゃいけなくて、過去問もなく、カンニングもできない状況なんだよ。」

彼は煙草の灰をポンポン、と落としながら少し笑った。

「そうしたら、日本が答えを出せば、他の国にその答えを教えてあげられる、っていうことですよね？　問題の解決策を『輸出』できる。そしたら日本は人類に貢献できる、っていうことじゃないですか。なんつって。」

老教授が僕をじっと見ていたので、最後は何とか誤魔化そうとしたが、彼は意外なことに、その通りなんだよ、と言って煙草をゆっくりともみ消した。

「ピンチはチャンスさ。若い人よ、私らはもう大きな変化を起こす気力はないのだよ。だから貴方たちがこのピンチを機会に変えて、新しい変化を起こして欲しいんだ。分かるかい？」

僕は黙ってうなずいた。戻った会議場では特に目新しい論点が出されることなく、議論は数ヵ月先の会議へと持ちこされることになった。

†姪にプレゼントしてあげたい社会とは？

官庁舎を出て駅に着く頃に、2番目の姉から電話が鳴る。

「今日のどかの誕生会なんだけど、来れるんでしょ？」

もちろん、と答えて姪の誕生日プレゼントを買っていなかったことに気づいた。2歳になる姪は最近可愛さを増し、僕は世界中で一番可愛い2歳児はうちの姪なのではないか、と妄想してみる。

僕はこの姪に、どんな社会をプレゼントできるのかな、と考える。どんな社会だったら良いか。それはワーカホリックで一歩間違えば社員を殺しかねなかった僕が変われたように、今とは違う社会だ。そこでは人々は職場で懸命に『働き』ながらしっかりと成果を出していて、なおかつ残業はイケてないことだという観念が浸透している。職場には男性も女性も、日本人も外国人も、独身者も、介護の必要な両親を持つ社員も、小さな子どもを持つ父親も母親も生産的に、そして多様な働き方で働いている。その父親と母親は夕食時には仕事から帰っていて、子どもと共に食卓を囲み、今日何があったかを楽しく話し合う。

父親は食事の後片付けで『働き』、働く男の背中を子どもに見せる。休日は学生時代やっていたサッカーのコーチを、自分の運動不足解消も兼ねて引き受けていて、近所の子どもたちを教えている。そこで知り合ったコーチ仲間の父親たちと友人になって、夜は酒を飲みながらこの地域のこと、家族のこと、自分のことを愉快に語り合う。友人の1人は商店街で店を出していて、またもう1人は役所に勤めている。普段はなんてことはない街を歩いていて、友人の店を見つけると嬉しくなる。入っていって、パンを一つお土産に買い、パン屋の奥さんと子どもの話を少しばかりして、帰る。

役所勤めの友人からは、この町が抱えている課題を聞く。どこに行っても同じ町並みのような気がしていたけれど、いつのまにか取り換えのきかない、かけがえのない大切な町であることに気づく。この町のため、町に住んでいく子どもたちのために何かできないかな、と平日の夜や休日を使って、町で活動しているNPOの手伝いを少しばかりすることにする。仕事でやっているように、WEBページを作ってあげたら、とっても喜んでくれる。

普段職場では会わないような年齢、職種の人たちと会えて、いつも新鮮な気持ちになる。役所の友人や、彼らのお陰で、町の抱える課題に自分が何をすれば良いのか、何となく分かってくる。だからピントを外している議員は分かるし、そういう人間には投票しない。そして町で起きている課題は国で起きている問題と繋がっていることに、徐々に気づく。すると今まで茶番だと思っていたようなニュースの中のドタバタが、リアリティを持って感じられるようになってくる。日本という大きな島が、陸続きで自分の足元にも繋がっているような感触を得る。

するともっと色んなことを知りたくなり、普段仕事では触らないようなテーマの本を楽しく読めるようになる。ひとつの知識が新しい「なぜ」を引き寄せて、そのなぜが新しい知識を呼び込んでくる。そうして自分だけの知識の網の目が生まれて、学ぶことがどんどん楽しく、成長していくことをとても楽しく感じる。かの父親がNPOに関わることで知った町と社会の課題のことをブログに書き連ね、誰かがそれにコメントし、議論が始まる。それに触発され、相手は自分の町ではどうなっているかを調べ、問題が彼の町以上であることに驚くかもしれない。

ほんの少しの勇気を持つ人は、自分の住む町にあるNPOに問題を相談するだろう。NPOは自治体に対して、改善提案のメールを何通も送る。自治体は一般市民に外側から監視されることに驚き、急いで問題に対する検討委員会を作るだろう。問題を何とかクリアしたそのモデルが、別の自治体に知られるところとなり、その自治体でも取り入れられる。また次の自治体でも同様の手法で解決される。それを見た中央省庁の官僚がその事例を会議で紹介し、国のレベルで同じような取り組みをしてみようかと発議し、それが採用され全国の自治体で同様の取り組みが行われ、我々が住む町の問題が一つ、また一つとクリアされる。

例えば僕が姪にプレゼントしてあげたい社会は、そういった社会だ。いくつもの「働く」を一個の個人の中に持て、個人が社会と繋がり、それを変え得る社会だ。

†失われた世代が、日本を変える

ルルルルル、ルルルルル。僕の想像を破るように、会議の担当官から電話がなる。

「駒崎さん、会議の中間報告書の取りまとめをしようと思うのです。とりあえず会議でご発言頂いた内容は盛り込んであると思いますが、他に盛り込みたいことはございますでしょうか?」担当官である官僚は慇懃に尋ねた。

報告書で出された意見が取りまとめられ、そこでの提案は総理に形式的に手渡される。総理は直接読まない場合がほとんどだが、今後の政策立案においては、こうした民間有識者会議でなされた議論が前提となる。そういった意味で、こうした会議の無数の重なりあいが政策を生み、僕たちの生活に影響を与える。しかしこの報告書で取りまとめられた意見が政策となって実を結ぶのは、普通は3年後か、5年後。いや、この調子だとひょっとしたら10年後かも知れないし、もしかしたら実など結ばないかも知れない。

そうしているうちに、問題は恐ろしいスピードで、日本という体にガン細胞のように広がり、蝕み、転移していくのだ。彼らが何十回、何百回と話し合っていく間に、マクロ的な統計が何度か出されて現状が分析されている間に、我々の母なる国は社会問題という虫けらに内側から食いつぶされていってしまうのだ。

駒崎さん、何か盛り込みたいことはございませんか、ともう一度官僚が聞いた。僕は携帯電話の向こうの霞ヶ関に言った。

「では次の文言を入れておいて下さい。『僕たち失われた世代が、働き方革命を起こし、我が国を変えるでしょう』と。」

「働き方革命」実現に向けて

●「働き方革命」のコンセプト

・「長時間がむしゃら労働」から「決められた時間で成果を出す」スマートワークへ

・「自分の（自分のキャリアの、自分の家族の）ための仕事」から「自分を含めた社会のための仕事」へ

・「仕事とプライベートを完全分離し、生活のために稼ぐことを『働く』と定義すること」から「プライベートを含めて、他者に価値を与える（傍を楽にする）こと全てを『働く』と定義すること」へ

・「他者に価値を与える（傍を楽にする）」ことは、大げさなことでなくてもよく、「他者を幸せにすること」「他者の負担を減らすこと」「喜ばすこと」「感動させること」「優しい気持ちになってもらうこと」など、私たちが日常的な感覚で行うことができるものでよい

●「働き方革命」に関連するキーワード

・「成功」ではなく「成長」
・「就社」ではなく「就職」
・「やりたいことがない」ではなく「やりたいことは創る」
・「良い会社に行けば良い仕事ができる」ではなく「良い社会にするために良い仕事をしよう」
・「自己実現」ではなく「社会実現（あるべき社会像の実現）を通しての自己実現」
・「私の市場価値は？」ではなく「私が社会に与えられる価値は？」
・「目指せ年収1000万」ではなく「目指せありたい自分」
・「キャリアアップ」ではなく「ビジョンの追求」
・「自分探し」ではなく「コミットメント（参画・貢献・自己投入）の連続による自己形成」
・「ロスト・ジェネレーション（失われた世代）」ではなく「ブースト・レボリューション（改革を加速する世代）」
・マンガ『課長島耕作』（大企業で出世し、女にもてよう）というロールモデルではなく

マンガ『マスターキートン』(世界にとって価値ある夢を追うため、無様な試行錯誤をいとわない)というロールモデル

・「金持ち父さん」ではなく「父親であることを楽しむ父さん」

・「ブランド企業(学校)に底上げしてもらっている自分」ではなく「自分の生き方にOKを出せる自分」

・「亭主関白」ではなく「パートナーシップ」

・「家族を養う」ではなく「共同運営」

・「家族サービス」ではなく「家族も、自分も楽しいイベントづくり」

・「家事を手伝う」ではなく「自分の仕事としての家事」

・「社会=国・政治」ではなく「社会=家族・友人・すぐそばの他者の連なり」

・「ボランティア活動」ではなく「社会へのコミットメント(参画・貢献・自己投入)」

・「終わりなき日常」ではなく「ビジョン実現に至る、日常という冒険の旅」

・「課題先進国　日本」ではなく「課題解決手法の輸出国　日本」

●「働き方革命」に関連する書籍

『最少の時間と労力で最大の成果を出す「仕組み」仕事術』（泉正人・ディスカヴァー21・二〇〇八年）

仕事のスマート化に大変示唆的な本です。簡単に言うと場当たり的な対応ではなく、文書化とそれに則ったオペレーションを徹底することで生産性を上げることを提唱されています。職場単位でも、個人単位でもできるところが素晴らしいと思います。

『部下を定時に帰す「仕事術」「最短距離」で「成果」を出すリーダーの知恵』（佐々木常夫・WAVE出版・二〇〇九年）

40、50代の管理職の方々向けに、仕事のスマート化のノウハウを紹介されています。読者の方々は、上司にプレゼントするという工作活動をして頂き、無意味な長時間労働からの解放を目指してはどうでしょうか。

『勝間和代の日本を変えよう Lifehacking Japan』（勝間和代・毎日新聞社・二〇〇八年）

本書でも述べられている、「女性という資源を完全に無駄にしている日本」の実相を熱く語り、そこから政策的な提言をしている良書です。男女共同参画・ワークライフバランスというキーワードに興味を持たれた方は一読をお勧めします。

『新しい人事戦略　ワークライフバランス　考え方と導入法』（小室淑恵・日本能率協会マネジメントセンター・二〇〇七年）

ワークライフバランス施策を体系的に論じている一冊。職場のワークライフバランス化を制度構築の面から進めたい人事の方は必見。

●志を温め合う場のほんの一例

・日本ワークライフバランス研究会（http://www.worklifebalance.jp）

ワークライフバランスを達成したい個人が参加し、自発的に勉強会を催したり、仕事と生活の充実を共に追求していく際の悩みや技術を共有する会。ワークライフバランスというと仕事と生活を半々でやる、という中途半端なニュアンスを感じる方もいますが、本来ワークライフバランスは仕事の生産性を上げて、自らが自らの人生のポートフォリオを自己決定する、という自発的な概念です。日本において輸入された際に、女性や子育てのためのものとして使われることが多かったため、本来の意味合いから逸れて使われてしまっているのが残念です。

代表のパク・ジョアン・スックチャさんは日系韓国人で、本来的な意味でのワークライフバランスを日本で最も初期に提唱された方です。成果の上がらないばかばかしい長時間労働や無駄な会議、硬直的な就業環境を打破し、企業の生産性を上げ、日本経済を活性化することを願っている方です。

日本の会社組織ではまだまだスマートワークを実践すると白眼視されたり、40代以上の上司と軋轢を生んでしまいがちですが、会社の外で志を温め続け、やがて生産性の高い働き方がスタンダード（標準）になるようにしていかなくてはならないでしょう。そういった意味で、一人ひとりが日本の職場のスマートワーク化の「工作員」となり、日本全体の働き方の革命を実現する「革命戦士」である、と言えるでしょう。

・NPO法人ファザーリング・ジャパン（http://www.fathering.jp）

「父親であること（ファザーリング）を楽しむのが当たり前の社会」を創っていこうとされているNPO（ソーシャル・ベンチャー）です。代表の安藤哲也さんはカリスマ本屋としてご活躍され、その後楽天メディアグループのリーダーを勤めた後、当NPOを設立。メディアプロモーションのプロフェッショナリティを生かし、社会に対して様々な仕掛けを叩きつけています。

例えば「父親が子育てしやすい会社アンケート」を2000社以上の企業に送付し、ランキングを発表し、企業に対してワークライフバランスに対する問題意識を喚起するよう、迫っています。対企業のソーシャルプロモーションです。

また例えば「子育てパパ力検定」というパパのための育児検定を創り出されました。これは、父親の育児に対する関心を引き出し、働き方やパートナーとの関係性への問題意識を喚起する社会的な仕掛けです。

そのほか、父親たちによる自主管理型保育園を創られようとしていたり、「父親支援」の枠組みで縦横無尽に駆け巡られています。

全国のいかしたパパたちがこうしたプロジェクトに自主的に参加し、食いぶち仕事以外に2つ目の名刺を持って、楽しく「働いて」います。

ちなみに代表ご自身の外見は長髪のロックンローラーで、どこからどう見てもマイホームパパではないです。それがまた「家庭を愛する父親のイメージ」というステレオタイプをぶち壊す意義があって素敵だなと思います。僕も彼のように、子どもに「父さん、今超楽しいんだ」と笑顔で語りかけられる父親になろうと思います（本文中に出てくるレポート・トークとラポール・トークも彼から教わったことです)。

・サービス・グラントTOKYO（http://svgt.jp）

デザイナーやプログラマーなど、専門職の方々が自分の技能を使って、社会の課題解決をするNPOを支援する団体です。日本のNPOは広報力や発信力が弱く、良いことをしていても効果的に打ち出すことができません。そこで、デザイナー等の人たちが関わって、ウェブをリニューアルしたり、チラシを作成してあげたりし、NPOの広報力を底上げするのです。自分が仕事で使っている技能が、そのまま社会を変える技術へと変わっていきます。

●「働き方革命」第一歩である、スマートワーク化の最初のアクション例

・ライフビジョンを描きだし、スマートワーク化へのモチベーションを惹起する

・「帰る時間」と「寝る時間」を朝、設定する

・タスクリストなどでやることを見える化する

・自分の作業をスリムタイマー等によって計測し、気づいていない非効率性をあぶりだ

す

・手帳を活用し（手帳活用術は本屋さんにたくさん並んでいるので、好きなものを選択）、効率的なスケジューリングを徹底する

・目標残業時間を個人的に、あるいは職場全体として設定し、その達成のために業務改善に取り組む

・時間の無駄になりがちな会議を変革する（会議術は本屋さんにたくさん並んでいるので、気に入ったものを選択）

・自分のメール処理方法を見直す（メールの効率化は「ライフハックもの」として本屋さんに並んでいるので、自分に合ったメソッドを選択）

・仕事の定型化、仕組み化について実践する。「仕組み仕事術」等の仕組み化本を参考に、自らの業務の定型化を推し進め、生産性を改善する

●「働き方革命」による、広い意味の「働く」事例

・ブログで意見を表明し、トラックバックを活用して議論する。多様な言論が地域経済を下支えする

・地域の祭に行ってみる。時には神輿を担ぐなど参加し、心ゆくまで楽しむ
・便利なプログラムを開発して、無償配布する
・バンドやフットサルチームを結成し、小さなコミュニティを創る
・夫婦や家族のビジョンをつくり、その達成を目指す
・自らの周りに快適な世界を実現する行為、すなわち家事を行う
・子どもの保育園の父母会やPTAにコミットし、より良い環境をつくる
・NPO・NGOにプロフェッショナル・ボランティアとして関わる
・自分が気になる社会問題にチャレンジしている団体に対し、継続的に寄付をする
・区役所や市役所のホームページ上の「市長へのメール」を活用し、地域の問題を指摘し、解決策を提示する
・気に入った議員の後援会会員になって（年会費3000円～1万円が大半）、ちゃんと彼らが機能しているかウォッチする
・投票し、家族や近しい人たちに投票を呼びかける

ちくま新書
784

働《はたら》き方革命《かたかくめい》
——あなたが今日《きょう》から日本《にほん》を変《か》える方法《ほうほう》

二〇〇九年五月一〇日 第一刷発行
二〇一三年八月一日 第四刷発行

著　者　駒崎弘樹（こまざき・ひろき）

発行者　熊沢敏之
発行所　株式会社 筑摩書房
東京都台東区蔵前二-五-三　郵便番号一一一-八七五五
振替〇〇一六〇-八-四一二三
装幀者　間村俊一
印刷・製本　株式会社 精興社

乱丁・落丁本の場合は、左記宛にご送付下さい。
送料小社負担でお取り替えいたします。
ご注文・お問い合わせも左記へお願いいたします。
〒三三一-八五〇七　さいたま市北区櫛引町二-六〇四
筑摩書房サービスセンター　電話〇四八-六五一-〇〇五三

ISBN978-4-480-06486-8 C0236

686
会社員の父から息子へ
勢古浩爾
会社員として長い年月を生きた一人の男として、子どもに伝えておきたいことがある。そう思うお父さんは少なくないだろう。定年退職を迎えた男の人生節目の手記。

689
自由に生きるとはどういうことか
——戦後日本社会論
橋本努
戦後日本は自由を手に入れたが、現実には閉塞感が蔓延するばかりだ。この不自由社会を人はどう生き抜くべきか？　私たちの時代経験を素材に描く清新な「自由論」。

707
思考の補助線
茂木健一郎
自然科学の知見と私たちの切実な人生観・価値観との間に補助線を引くと、世界の見え方はどう変わるだろうか。この世の不思議をより深く問い続けるためのヒント。

716
衆生の倫理
石川忠司
われわれ現代人は、どうしてこんなにも道徳的に無能力なのか？　精神分析、ギリシア悲劇、幕末史、さらには禅にまで学びながら、ダメ人間のための倫理を探る。

720
いま、働くということ
大庭健
仕事をするのはお金のため？　それとも自己実現？　不安定就労が増す一方で、過重労働にあえぐ正社員たち。現実を踏まえながら、いま、「働く」ことの意味を問う。

766
現代語訳 学問のすすめ
福澤諭吉
齋藤孝訳
諭吉がすすめる「学問」とは？　世のために動くことで自分自身も充実する生き方を示し、激動の明治時代を導いた大ベストセラーから、今すべきことが見えてくる。

769
独学の精神
前田英樹
無教養な人間の山を生んだ教育制度。世にはびこる賢しらな教育論。そこに決定的に欠けた視座とは？　身ひとつで学び生きるという人間本来のあり方から説く学問論。

ちくま新書

612 「不利益分配」社会
——個人と政治の新しい関係
高瀬淳一
日本は今後しばらく「不利益」の分配・負担増の時代が続き、政治の役割が益々重要になる。市民が政治を見る目を磨くための、目からウロコの政治学入門。

722 変貌する民主主義
森政稔
民主主義の理想が陳腐なお題目へと堕したのはなぜか。その背景にある現代の思想的変動を解明し、複雑な共存のルールへと変貌する民主主義のリアルな動態を示す。

741 自民党政治の終わり
野中尚人
長きにわたって戦後日本の政権党であり続けた自民党。しかしこの巨大政党は今、機能不全を起こしている。その来歴と行く末を、歴史の視点などを交え鋭く迫る。

748 労働再規制
——反転の構図を読みとく
五十嵐仁
緩和から再規制へ。労働を巡る政治状況は逆流をはじめた。格差と貧困の増大のため……だけでない。そこにはある勢力の逆襲があった。その転機になったのは——。

773 社会をつくる自由
——反コミュニティのデモクラシー
竹井隆人
現代において手応えのある民主主義はまだ可能なのだろうか。社会を自らがつくるという自由の意味を見直し、責任ある政治を取り戻すための提言を行う。

774 アメリカはなぜ変われるのか
杉田弘毅
数十年ごとの大統領選挙で地殻変動を起こし危機を乗り越えてきたアメリカ。オバマ現象とその背景にある米国社会のリアルを丹念に取材し、この国の底力を抉り出す。

775 雇用はなぜ壊れたのか
——会社の論理vs.労働者の論理
大内伸哉
社会を安定させるためには、「労働」はどうあるべきなのか？ セクハラ、残業、再雇用、派遣労働、正社員解雇など、雇用社会の根本に関わる11のテーマについて考える。

ちくま新書

708
3年で辞めた若者はどこへ行ったのか
――アウトサイダーの時代
城繁幸
『若者はなぜ3年で辞めるのか?』で昭和的価値観に苦しむ若者を描いた著者が、辞めたアウトサイダー達の「平成的な生き方」を追跡する。

723
私塾のすすめ
――ここから創造が生まれる
齋藤孝
梅田望夫
レールのない時代をサバイバルするには一生学び続ける必要がある。幕末維新期の私塾を手がかりに、ネットを現代の私塾と位置づけ、新しい学びの可能性を提示する。

728
若者はなぜ正社員になれないのか
川崎昌平
日雇いバイトでわずかの生活費を稼ぐ二六歳、無職。正社員めざし重い腰を上げるが数々の難関が行く手を阻む。彼は何をつかむのか? 実録・フリーターの就職活動。

747
サブカル・ニッポンの新自由主義
――既得権批判が若者を追い込む
鈴木謙介
ロスジェネを苦境に陥れた元凶たる新自由主義を支持するロスジェネ。そんなねじれがこの社会には生じている。そこに突破口はないのか、気鋭の社会学者が探る。

757
サブリミナル・インパクト
――情動と潜在認知の現代
下條信輔
巷にあふれる過剰な刺激は、私たちの情動を揺さぶり潜在脳に働きかけて、選択や意思決定にまで影を落とす。心の潜在性という沃野から浮かび上がる新たな人間観とは。

761
まじめの崩壊
和田秀樹
日本人はもはやまじめな国民ではない。そのため、まじめに支えられた仕組みがあちこちで破たんしている。危険な将来を予測し、いまこそ、その再建を訴えかける。

772
学歴分断社会
吉川徹
格差問題を生む主たる原因は学歴にある。そして今、日本社会は大卒か非大卒かに分断されてきた。そのメカニズムを解明し、問題点を指摘し、今後を展望する。

ちくま新書

641
この国の未来へ
――持続可能で「豊か」な社会
佐和隆光
格差の拡大、リスクの増大、環境問題の深刻化――。現代の「ひずみ」を超えて、持続可能で「豊か」な社会を実現するには何が必要か。その処方箋を提示する。

643
職場はなぜ壊れるのか
――産業医が見た人間関係の病理
荒井千暁
いま職場では、心の病に悩む人が増えている。重いノルマ、理不尽な評価などにより、うつになり、仕事は混乱する。原因を探り、職場を立て直すための処方を考える。

646
そもそも株式会社とは
岩田規久男
M&Aの増加により、会社論が盛んだ。しかし、そこには誤解や論理的といえないものも少なくない。本書は冷静な検証により「株式会社」の本質を捉える試みである。

715
部長の経営学
吉村典久
投資家の論理に左右されずに、会社が長期的に繁栄するためにはどうすればいいのか。その鍵を握るのは部長・課長だ！　すべてのビジネスパーソン必読の経営論。

729
閉塞経済
――金融資本主義のゆくえ
金子勝
サブプライムローン問題はなぜ起こったのか。格差社会がなぜもたらされたのか。現実経済を説明できなくなった主流経済学の限界を指摘し、新しい経済学を提唱する。

754
日本の賃金
――年功序列賃金と成果主義賃金のゆくえ
竹内裕
成果主義の導入に失敗したが旧来の年功制にも戻れず右往左往する日本企業。この混迷を打開し、高付加価値経営の実現に資する日本型の能力・成果主義を提言する。

770
世界同時不況
岩田規久男
二〇〇八年秋に発生した世界金融危機は、百年に一度の未曾有の危機といわれる。この世界同時不況は、一九三〇年代の世界大恐慌から何を教訓として学べるだろうか。

ちくま新書

665 眠りの悩み相談室　粂和彦
眠りたいのに眠れない、日中なぜか眠気が襲ってくる……。さまざまな眠りの悩みを取り上げ、その原因から対処法までを分かりやすく解説する、真に役立つ一冊。

668 気まぐれ「うつ」病 ――誤解される非定型うつ病　貝谷久宣
夕方からの抑うつ気分、物事への過敏な反応、過食、過眠……。今、こうした特徴をもつ「非定型うつ病」が増えつつある。本書はその症例や治療法を解説する一冊。

674 ストレスに負けない生活 ――心・身体・脳のセルフケア　熊野宏昭
ストレスなんて怖くない！　脳科学や行動医学の知見を援用、「力まず・避けず・妄想せず」をキーワードに自分でできる日常的ストレス・マネジメントの方法を伝授する。

677 解離性障害 ――「うしろに誰かいる」の精神病理　柴山雅俊
「うしろに誰かいる」という感覚を訴える人たちがいる。高じると自傷行為や自殺を図ったり、多重人格が発症することもある。昨今の解離の症状と治療を解説する。

690 うつ病 ――まだ語られていない真実　岩波明
うつ病を「心のかぜ」などというのは、本当の臨床を知らない人のたわごとである。本書では、これまで信じられてきた通説に異を唱え、真実の姿を克明に記載する。

725 社会不安障害 ――社交恐怖の病理を解く　田島治
他者の視線を過剰に意識してしまい、日常生活に大きな支障をきたす病、「社会不安障害」。ＳＡＤとも略されるこの病の姿と治療の実際を第一人者が解説する。

762 双極性障害 ――躁うつ病への対処と治療　加藤忠史
精神障害の中でも再発性が高いもの、それが双極性障害（躁うつ病）である。患者本人と周囲の人のために、この病気の全体像と対処法を詳しく語り下ろす。

ちくま新書

445 禅的生活 玄侑宗久

禅とは自由な精神だ！　禅語の数々を紹介しながら、言葉では届かない禅的思考の境地へ誘う。窮屈な日常に変化をもたらし、のびやかな自分に出会う禅入門の一冊。

615 現代語訳 般若心経 玄侑宗久

人はどうしたら苦しみから自由になれるのか。言葉や概念といった理知を超え、いのちの全体性を取り戻すための手引を、現代人の実感に寄り添って語る新訳決定版。

421 行儀よくしろ。 清水義範

教育論は学力論だけではない。今本当に必要な教育は、道をきかれてどう答えるか、困っている人をどう助けるか等の文化の継承である。美しい日本人になることだ。

399 教えることの復権 大村はま 苅谷剛彦・夏子

詰め込みかゆとり教育か。今再びこの国の教育が揺れている。教室と授業に賭けた一教師の息の長い仕事を通して、もう一度正面から「教えること」を考え直す。

329 教育改革の幻想 苅谷剛彦

新学習指導要領がめざす「ゆとり」や「子ども中心主義」は本当に子どもたちのためになるものなのか？　教育と日本社会のゆくえを見据えて緊急提言する。

617 下流喰い——消費者金融の実態 須田慎一郎

格差社会の暗部で弱者を貪り肥大化した消費者金融。その甘い蜜を求め大手銀行とヤミ金が争奪戦を演じる……。現代社会の地殻変動を活写した衝撃のノンフィクション。

110 「考える」ための小論文 西研 森下育彦

論文を書くことは自分の考えを吟味するところから始まる。大学入試小論文を通して、応用のきく文章作法を学び、考える技術を身につけるための哲学的実用書。

ちくま新書

008 ニーチェ入門 竹田青嗣
新たな価値をつかみなおすために、今こそ読まれるべき思想家ニーチェ。現代の我々をも震撼させる哲人の核心に大胆果敢に迫り、明快に説く刺激的な入門書。

020 ウィトゲンシュタイン入門 永井均
天才哲学者が生涯を賭けて問いつづけた「語りえないもの」とは何か。写像・文法・言語ゲームと展開する特異な思想に迫り、哲学することの妙技と魅力を伝える。

029 カント入門 石川文康
哲学史上不朽の遺産『純粋理性批判』を中心に、その哲学の核心を平明に読み解くとともに、哲学者の内面のドラマに迫り、現代に甦る生き生きとしたカント像を描く。

071 フーコー入門 中山元
絶対的な〈真理〉という〈権力〉の鎖を解きはなち、〈別の仕方〉で考えることの可能性を提起した哲学者、フーコー。一貫した思考の歩みを明快に描きだす新鮮な入門書。

532 靖国問題 高橋哲哉
戦後六十年を経て、なお問題でありつづける「靖国」を、具体的な歴史の場から見直し、それが「国家」の装置としていかなる役割を担ってきたのかを明らかにする。

569 無思想の発見 養老孟司
日本人はなぜ無思想なのか。それはつまり、「ゼロ」のようなものではないか。「無思想の思想」を手がかりに、日本が抱える諸問題を論じ、閉塞した現代に風穴を開ける。

085 日本人はなぜ無宗教なのか 阿満利麿
日本人には神仏とともに生きた長い伝統がある。それなのになぜ現代人は無宗教を標榜し、特定宗派を怖れるのだろうか？　あらためて宗教の意味を問いなおす。